CONTENTS

Dedykacja

Dla nauczycieli

Ta książka jest opatrzona wielką dedykacją dla wszystkich nauczycieli, których spotkałem na swojej drodze. Dziękuję wam za wasz cenny czas, rozmowy i rady, które pozwoliły mi lepiej zrozumieć wasze problemy i rzeczywistość. Cała wiedza i doświadczenie, jaką od was otrzymałem uczyniła mnie lepszym człowiekiem. Zawód nauczyciela jest jednym z najważniejszych czynników społecznych mających bezpośredni wpływ na kształtowanie się osobowości naszych dzieci. Nauczyciele to ludzie bardzo często dający dużo więcej innym i zostawiający niewiele dla siebie. Nauczyciele są jedną z najważniejszych i równocześnie najbardziej niedocenianych grup zawodowych w Polsce. Już czas najwyższy na rozpoczęcie dyskusji, która na nowo określi kim jest nauczyciel, jaka jest jego rola i co mu się za to należy.

Dla rodziców

Tę książkę dedykuję przede wszystkim tym rodzicom, którzy na co dzień walczą o przyszłość swoich dzieci. Bycie świadomym rodzicem we współczesnych, obłędnie przeładowanych informacją czasach, okazać się może bardzo wymagającym wyzwaniem. Jednak bycie rodzicem, to również bycie rzeźbiarzem i mentorem, mającym bezpośredni i najważniejszy wpływ na kształtowanie się osobowości naszych dzieci. Wszystko co widzisz patrząc na swoje dziecko to wynik twojej pracy. Współczesne rodzicielstwo to walka z ukrytymi zagrożeniami pod postacią niezwykle silnych nawyków, których zadaniem jest uzależnienie młodych ludzi od najwcześniejszych etapów ich życia. Współczesny rodzic powinien być świadomy wiedzy w zakresie nowoczesnych uzależnień czy fałszywego marketingu, które w bardzo destruktywny i niewidoczny sposób niszczą rozwój i przyszłość młodych ludzi.

Dla dzieci i młodzieży

Ta książka, to zbiór doświadczeń i spotkań z wieloma ludźmi a szczególnie dziećmi i młodzieżą, którzy na zawsze mnie zmienili. Rozmowa z wami i informacje, które mi przekazaliście pozwoliły zrozumieć jak w trudnej sytuacji jesteście i jak niewiele się dla was robi. Jednak bardzo łatwo się was oskarża o aktualny stan rzeczy, nie mając nic wam do zaoferowania w zamian. Niszczenie waszej empatii, oferowanie narkotycznego stylu życia, zapełnianie waszych umysłów chorą ideologią, traktowanie was jak konsumpcyjnych szmat, które po wykorzystaniu do niczego się już nie nadają, to polska rzeczywistość. Młodzi ludzie, jeśli dorośli o was nie walczą to sami walczcie o siebie, wzbudzając w sobie refleksję, empatię, krytyczne myślenie i wielkie cele. By to osiągnąć, być może warto zacząć od przeczytania tej książki i zadania sobie pytania: czy to co robię ze swoim życiem jest właściwe?

Dla Marcela i jego Mamy

Książkę tą dedykuję Marcelowi, który przez ostanie trzy lata okazał się najważniejszym zadaniem w moim życiu. Możliwość współpracy z tym młodym człowiekiem i jego mamą dały mi niezwykle dużo satysfakcji, prawdziwe poczucie spełnienia i pozwoliły dostrzec cel w moim życiu. Marcel to młody człowiek, który zaczął ponosić konsekwencje naszego zaangażowania w jego życie. A są to konsekwencje dające szczęście i napawające nadzieją ponieważ widzimy przed sobą silnego, inteligentnego i wierzącego w siebie chłopca, który ma wielką szanse być szczęśliwym i wielkim człowiekiem w naszym życiu.

Z wyrazami szacunku i uznania Thomas J Gralak

„Jak mordujemy własne dzieci?"

Prolog

Chciałbym zacząć od słów, które zmieniły moje nastawienie do komunikacji i ludzi. Ten krótki cytat pozwolił mi zrozumieć, czym jest prawdziwa siła i wartości, które może posiąść człowiek, budując swój charakter i osobowość. Jednak zanim dotrzemy do tego cytatu, parę słów celem wprowadzenia.

To, kim się stajemy, przede wszystkim uwarunkowane jest programowaniem naszych umysłów przez ludzi nam najbliższych w najwcześniejszych etapach naszego życia, gdy niezwykle dynamicznie kształtuje się nasz umysł i ciało. Czasami jedno zdanie, jedno zachowanie człowieka dla nas ważnego może zmienić kurs naszego życia i to, co o sobie myślimy i kim się staniemy. Wpływ ten może być dwojakiego rodzaju. Czasem dzieje się coś niezwykle ważnego, ciekawego, pięknego, ponieważ ludzie, którzy nas otaczają, mogą nam dać inspiracje, wsparcie, zaangażowanie, prawdziwą miłość, ciepło, zakorzenić w nas mogą reguły i zasady, które pozwolą nam myśleć o sobie w wyjątkowy sposób. Ludzie ci zbudują w nas poczucie wysokiej wartości, empatię oraz charakter, który niczym zbroja na średniowiecznym rycerzu zabezpieczy nas przed atakami świata zewnętrznego i pozwoli nam dbać i chronić ludzi wokół nas. Innym razem może się zdarzyć zupełnie coś innego. Podczas gdy chłoniemy każdą informację, która kształtuje to, kim się staniemy, wokół nas mogą być ludzie, których zachowanie może być bardzo groźne. Ludzie ci w bardziej lub mniej świadomy sposób niszczą poczucie naszej samooceny, mogą instalować w nas złość, nienawiść i brak wiary w siebie, co w dalszym etapie życia może działać destrukcyjnie na nas i nasze otoczenie.

Czy pragnąłeś kiedykolwiek zmian w swoim życiu i miałeś dość ryzykowny pomysł na przeprowadzenie tych zmian? Np. rzucić pracę w korporacji, by zacząć swój biznes. Spotykasz się z krewnym lub znajomym i pełen optymizmu dzielisz się z nim swoim pomysłem. W odpowiedzi słyszysz, że to, co chcesz zrobić, jest zbyt ryzykowne, głupie, że w tym nie ma ani przyszłości, ani pieniędzy i jest wielu takich jak Ty, którym się nie udało. Następnie słyszysz radę, że lepiej zostać przy tym, w czym już się sprawdziłeś, lepiej nie ryzykować, ponieważ to nie dla Ciebie. Niejedno marzenie zostało w ten sposób zniszczone. Jednak taka rozmowa może przebiegać zupełnie inaczej. Mówisz o chęci zmian i nagle słyszysz, że to, co chcesz zrobić, jest wyjątkowo trudne, ale też bardzo możliwe. Rozmówca w szczery sposób informuje cię, że masz zacięcie, charakter i umiejętności, by dokonać korzystnych zmian w swoim życiu. Otrzymujesz również zapewnienie, że jeśli zaryzykujesz, otrzymasz wsparcie.

Która z tych sytuacji zdarza się częściej? Jak Ty zostałeś potraktowany i jak Ty radziłeś innym? Przedstawione dwie postawy ilustruje poniższy cytat:

„Ludzie, którzy nie wierzą w siebie, nie wierzą w innych ludzi – ludzie, którzy wierzą w siebie, wierzą w innych ludzi".

Czas wrócić do słów, stworzonych przez wybitnego człowieka, którym był Dale Carnagie, urodzony 24 listopada 1888 w Maryville, Missouri, Stany Zjednoczone. Dale Carnegie był pionierem w korporacyjnych programach szkoleniowych i twórcą słynnych kursów samodoskonalenia, wystąpień publicznych i umiejętności interpersonalnych. Jego najbardziej znana książka „Jak zdobywać przyjaciół i wpływać na ludzi", od momentu opublikowania po raz pierwszy w 1936 roku, pozostaje nadal niezwykle popularna. Zasady, których nauczał w książce Dale Carnegie, to przede wszystkim bycie dobrym słuchaczem, zachęcanie innych do mówienia o sobie, mówienie w kategoriach zainteresowań drugiej osoby i sprawianie, by ta druga osoba czuła się prawdziwie ważna. Zatem przejdźmy do tego, co stworzył Dale i również do tego, co ja zaobserwowałem i opisałem w mojej książce.

Dale Carnegie w swojej książce napisał:

„Wielkich ludzi charakteryzuje to, jak traktują małych ludzi".

Słowa te dla każdego z nas oznaczać mogą zupełnie coś innego, jednak pozwolę sobie przedstawić moje zrozumienie tych słów. Po pierwsze — nie chciałbym, byśmy zbyt wielką wagę przywiązywali do znaczenia słów „wielki" i „mały". Dla kogoś „wielki" oznaczać może bogaty, mający władzę, silny lub niezwykle brutalny. Skojarzeń może pojawić się wiele. Z kolei „mały" to ktoś słaby, biedny, niezaradny, bez władzy i znajomości. I takie skojarzenia są również trafne. Jednak dla mnie człowiek silny to człowiek, który dostrzega słabości innych i nie wykorzystuje ich do własnych celów po to, by kogoś zdominować lub kosztem czyjegoś życia i emocji wypełnić swoje puste ego. Człowiek wielki nie musi mieć wielkiego domu czy luksusowego samochodu, ale gdy go spotkasz, zrobi coś wyjątkowego dla ciebie, pozwoli Ci doświadczyć prawdziwego komfortu, a gdy dostrzeże w Tobie jakąś słabość, zmieni ją w siłę. Człowiek wielki nie pozwoli, byś go znieważył, a gdy to uczynisz, potrafi to zlekceważyć. Innymi słowy — człowiek wielki potrafi małego człowieka uczynić ważnym. Takim człowiekiem wielkim może być każdy: matka, ojciec, mechanik, recepcjonista, sprzedawca lub biznesmen. Z kolei człowiek mały to człowiek zagubiony, pełen wątpliwości, który może mieć wielkie bogactwo i władzę, jednak sposób, w jaki ją wykorzystuje, wyrażony jest w braku szacunku, natychmiastowych ocenach czy pastwieniu się nad słabszymi tylko po to, by nadać sens swojemu pustemu ego. Innymi słowy wielki człowiek potrafi zachować szczęście wśród żałosnych łajdaków.

Pamiętaj, ludzie nigdy nie zapomną, jak się z Tobą czują i finalnie poniesiesz tego konsekwencje. Tu mam dla Ciebie dobrą i złą wiadomość: konsekwencje mogą być dobre, wręcz wyśmienite albo mogą być opłakane i bardzo destrukcyjne. Tu chcę nawiązać do być może dość kontrowersyjnego przykładu, jednak dla mnie niezwykle inspirującego i dającego głębokie zrozumienie tego, czym mogą być prawdziwe konsekwencje złego traktowania ludzi. Warto zapytać w tym momencie, co znaczy dla Ciebie człowiek? Może to być ktoś z twojej rodziny, partner biznesowy, ktoś o podobnym statusie finansowym, ktoś, kogo szanujesz nie ze względu na to, kim jest, kim się może stać, tylko ze względu na to, co ma. Nie krytykuję takiego nastawienia, tak działa współczesny świat, który tworzy wzorce tego, jak powinniśmy traktować siebie i innych, a główną płaszczyzną, która kształtuje interakcje międzyludzkie, są materializm i konsumpcjonizm. Jest to sposób bardzo powierzchowny, jednak to temat na kolejny rozdział, z pewnością do niego wrócimy.

Wracając do rozważań, przytoczę słowa z filmu „Ojciec Chrzestny", słowa intrygujące, a jednocześnie niezwykle proste, choć nie każdy właściwie potrafi je zrozumieć. Pomyśl, co mogą oznaczać te słowa w aspekcie tego, jak traktujemy innych i jak inni traktują nas:

„Władza niszczy ludzi, którzy jej nie mają".

Nie zamierzam analizować i interpretować jednoznacznie treści tych słów, ponieważ dla każdego z nas oznaczać mogą zupełnie coś innego. Dla mnie przedstawiają one wielką wagę konsekwencji, które finalnie na nas spadną z wielkim hukiem i siłą. To, jak traktujemy innych ludzi, nigdy nie przemija, ludzie na zawsze zapamiętują, jak się dzięki Tobie czują i finalnie zapłacimy za wszystko, co daliśmy innym. Proszę, zastanów się, co te słowa znaczą dla Ciebie?

Teraz zastanówmy się nad innymi słowami Dale Carnegie, których głęboka moc i

znaczenie pozwalają mi zrozumieć prawdziwą esencję i ducha komunikacji. Słowa te dają pomysł na to, jak traktować siebie i innych z szacunkiem i zaangażowaniem, pozwalają również zrozumieć to, kim jesteś i jak się zachowujesz względem innych ludzi na co dzień. Przemyśl, jak rozumiesz ich znaczenie i jaką rolę odgrywają w Twoim życiu?

„Interesując się szczerze innymi ludźmi, w dwa miesiące jesteś w stanie poznać więcej ludzi, niż w pięć lat starając się innych zainteresować sobą".

Gdy po raz pierwszy przeczytałem tę wypowiedź, która powstała prawie sto lat temu, byłem w wielkim i pozytywnym szoku. Tak proste, tak dobitne, tak piękne, jednak tak niedostępne i prawie niespotykane. Gdy mam szanse rozmawiać z ludźmi podczas szkoleń czy wykładów, bardzo interesuje mnie to, co myślą o powyższym cytacie. A konkretniej, czego doświadczyli w codziennych relacjach z ludźmi. Może i Ty zadaj sobie pytanie?. Kiedy ostatni raz prowadziłeś rozmowę z kimś, kto w sposób faktyczny, rzeczywisty i uczuciowy interesował się tym, co miałeś do powiedzenia? Nie chcę demonizować, jednak takie sytuacje zdarzają się niezwykle rzadko. Czy nie jest tak, że bardzo często, wśród naszej rodziny, przyjaciół czy obcych ludzi doświadczyć możemy tego, czym jest prawdziwe „niesłuchanie"? Czy mówiłeś kiedyś do kogoś o czymś ważnym w Twoim życiu, gdzie potrzebowałeś rady i zrozumienia, jednak nagle Ci przerwano lekceważącym słowem lub zdaniem na zupełnie inny temat? Ponawiasz próbę, lecz ponownie ktoś przerywa i ocenia to, co mówisz w sposób nie do końca trafny. Lecz to nie koniec absurdu: cały czas próbujesz coś powiedzieć, bo chciałbyś usłyszeć empatyczne i szczere pytania, dotyczące Twojego problemu. Ale żadne pytania nie padają, słyszysz tylko

„a... ja...a ja...", doświadczasz przerywania, ocen, rad, o które wcale nie prosiłeś i żadnych pytań. Takie zachowanie to chęć zdominowania innych, walka o kontrolę, zasilenie pustego ego; to po prostu chęć zaabsorbowania innych sobą w momencie, gdy ktoś potrzebuje, byśmy to nim się zainteresowali. Przeżyłeś to? Myślałeś o tym, kim jesteś dla innych w rozmowie i kim inni są dla Ciebie? Może czujesz niedosyt, może chciałbyś dostać jakieś wskazówki, jak interesować się ludźmi w szczery i przyjemny sposób.

Teraz chciałbym przejść do kolejnych słów, które zmieniły moje nastawienie do tego, czym jest komunikacja i jak ważne są rzeczy, które pozornie nic nie znaczą. A te słowa to:

„Najdroższe są rzeczy dane za darmo"

Nigdy nie chcę sugerować znaczenia słów, które dla każdego z nas mogą mieć zupełnie inne znaczenie. Jednak nie chciałbym, by powyższe słowa odczytać jako jakąś bezduszną manipulację lub chwyt marketingowy, ponieważ faktycznie takiego wymiaru mogą nabrać i z pewnością mają. Często doświadczamy, szczególnie we współczesnym marketingu, że w bardzo fałszywy i pozorny sposób otrzymujemy coś za darmo. Np. 25% extra, kup 2, a dostaniesz jedną gratis, dzwoniąc teraz zapłacisz 50% mniej, itp. Są to niezwykle silne socjotechniczne zagrywki, których efektem jest manipulacja w celu osiągnięcia zysku. Taki jest świat biznesu i nie krytykuję tego, każdy stara się przetrwać. Pojawia się pytanie, czy faktycznie otrzymujemy coś za darmo. Pozornie z pewnością tak, jednak finalnie kupujemy, płacimy i akceptujemy coś, ponieważ podświadomie wyrażamy naszą wdzięczność. Jednak czy faktycznie otrzymaliśmy coś za nic? Chyba nie, ponieważ najdroższe są rzeczy dane za darmo.

Przełóżmy ten przykład na świat komunikacji, interakcji i relacji z ludźmi wokół nas. Jesteśmy w stanie dać tyle wartościowych rzeczy innym ludziom i to zupełnie za darmo. Możemy słuchać za darmo, możemy powstrzymać się od wystawiania ocen za darmo, możemy zadawać pytania za darmo, możemy okazać zaangażowanie i szacunek zupełnie za darmo. Nic nas to nie będzie kosztować, natomiast dla innego człowieka będzie miało potężne, wręcz bezcenne znaczenie. Powtórzę te słowa ponownie:

„Najdroższe są rzeczy dane za darmo".

Czy powinniśmy oczekiwać czegoś w zamian od ludzi, którym dajemy coś, co nic nas nie kosztuje? Owszem, możemy oczekiwać, że ktoś poczuje się lepiej, że ktoś dostrzeże w nas głębokie wartości, że ktoś zmieni swoje życie, że ktoś zapamięta nas na całe życie, że ktoś zostanie naszym dozgonnym przyjacielem. Możemy w naturalny sposób w pełnej symbiozie oczekiwać bardzo dużo i z pewnością bardzo dużo otrzymamy, ponieważ ludzie nigdy nie zapominają, jak się dzięki nam czują, jakie emocje w nich wzbudzamy. Z pewnością poniesiesz konsekwencje takiego zachowania tylko proszę, pomyśl jak piękne mogą być to konsekwencje.

Jednak zmierzając ku końcowi tego rozdziału, nie chciałbym zostawić Państwa ze zbyt wyidealizowanym obrazem na temat komunikacji między ludźmi. Aby tego uniknąć, postaram się z Wami podzielić moimi doświadczeniami na temat głęboko zakorzenionych stereotypów, które w bardzo podświadomy jak również silny sposób kierują naszym zachowaniem, a w szczególności tym, jak traktujemy innych i co w konsekwencji otrzymujemy. Jednym z takich folklorystycznych stereotypów, który bardzo mocno wpływa na to, jak traktujemy innych ludzi, jest przysłowie:

„Traktuj ludzi tak, jak ty chcesz być traktowany"

<u>Czy się z tym zgadzasz?</u>

To jest tylko mój punkt widzenia, który nie musi być zaakceptowany przez innych ludzi, absolutnie nie. Każdy ma prawo interpretować i widzieć rzeczywistość na swój własny i unikalny często sposób. Możliwość odkrywania zupełnie odmiennych poglądów reprezentowanych przez bardzo różnych ludzi jest czymś wyjątkowym oraz daje szanse rozwoju i nawiązywania nowych relacji. Jednakże w praktyce i życiu codziennym to powód konfliktów, napięć i walk pomiędzy ludźmi, którzy właśnie bardzo często kierują się słowami „Traktuj innych tak, jak ty chcesz być traktowany". Czy nasze oczekiwania względem siebie nie są unikalne, czy to, jak widzimy świat i go interpretujemy. nie jest często zupełnie inne, niż odbieranie życia przez innych ludzi wokół nas? Zatem jak możemy traktować innych ludzi tak, jak Ty chcesz być traktowany? Dla mnie to niezwykle egoistyczny stereotyp, który przede wszystkim skupia się na naszych potrzebach. Oczywiście nasze potrzeby są niezwykle ważne, jednak potrzeby innych ludzi diametralnie mogą różnić się od naszych, zatem oczekiwanie od innych tego samego, czego oczekujemy od siebie, okazać się może bardzo krzywdzącym podejściem w relacjach między ludźmi.

Kiedyś przygotowując się do wykładu natknąłem się na artykuł naukowy, którego tytułu niestety nie pamiętam, w którym znalazłem niezwykle interesujące słowa:

„Ludzi należy traktować tak, jak chcą być traktowani lub na to zasługują"

Co Ty o tym sądzisz? Jednak proszę, nie myśl, że za każdym razem masz tylko „myśleć" jak innym zrobić dobrze. Nie w tym rzecz. Czasami ludzi należy traktować tak, „jak na to zasługują". Jednak ta skromna wiedza dała mi do myślenia i zmieniła moje nastawienie względem tego, czego inni mogą oczekiwać i jak mogą myśleć. To, czego ja oczekuje od innych, jest tylko mrzonką, nic od nikogo nie dostanę, jeśli przede wszystkim będę myślał tylko o sobie. Czasami warto pomyśleć, czego oczekuje drugi człowiek i czy faktycznie na to zasługuje. W pewien sposób trafnie to określił Don Corleone, dając radę swojemu synowi Mikelowi, (Michael) że „należy myśleć, jak ludzie wokół nas". Słowa te możemy nazwać podstawową definicją empatii.

Kończąc ten rozdział, chciałbym Cię zapytać, co jest najważniejsze w życiu, co daje nam najwięcej szczęścia, co pozwala nam osiągnąć sukces prywatny i zawodowy? Bardzo często zadaję to pytanie ludziom, z którymi mam przyjemność się spotykać i wtedy pada wiele odpowiedzi, np. to ciężka praca, zaangażowanie w edukację czy rozwój osobisty. Wszystkie one są właściwe, ponieważ nie ma tu złych i dobrych odpowiedzi. Dla mnie to przede wszystkim umiejętność tworzenia relacji z innymi ludźmi. Kiedyś ktoś mi powiedział, że *„nie jest ważne ile masz, ważne jest, kogo znasz"* i uważam, że jest w tym dużo sensu i prawdy. Jednak wiele lat zaprzepaściłem na nieumiejętnym traktowaniu siebie i innych i z pewnością ponoszę tego konsekwencje. Jednak cieszę się, że zmieniłem moje nastawienie, że dostrzegam, jak ważni są inni ludzie i to, jak ich traktujemy, ponieważ wszystko, co dajesz innym, z pewnością kiedyś do ciebie wróci.

Teraz zacznijmy podróż po świecie życiowych doświadczeń i wielu interakcji, wypełnionych ludźmi i literaturą, które pozwoliły mi napisać tę książkę.

ROZDZIAŁ 1

TEST ROZWOJU FIZYCZNEGO, INTELEKTUALNEGO I EMOCJONALNEGO

Wychowanie to bardzo obszerny temat, jednak w tych czasach termin ten nie jest szlachetną listą zachowań panujących w danej grupie społecznej, gdzie słowa takie, jak szacunek, normy społeczne, pamięć o konsekwencjach czy empatia mają duże znaczenie. Wychowanie teraz to w wielu przypadkach instrukcja udzielania pierwszej pomocy, gdzie pacjent w stanie agonalnym ma 50% szans przeżycia. Może ujmijmy to w perspektywie pędzącego auta, które wpada w mały poślizg i nawet niewprawny kierowca za pomocą intuicji jest w stanie uratować sytuację. Jednak teraz wyobraź sobie pędzący samochód, który wpada w poślizg na oblodzonej jezdni— dla wielu, jak nie dla większości, sytuacja ta okazałaby się zgubna i bez wyjścia. I tak chyba trochę jest z naszymi dziećmi, które z czasem nabierają rozpędu, a podłoże, po którym pędzą, jest im zupełnie nieznane. I nic w tym dziwnego, ponieważ właśnie tak się dzieje w chwili dojrzewania, kiedy hormony wołają o niezależność i szacunek. Jednak czy tak rozpędzony pojazd na zmutowanym paliwie, niezdający sobie sprawy z konsekwencji swej siły, może pędzić bez wprawionego i doświadczonego kierowcy? Oczywiście, że nie, odpowiedź wydaje się prosta i natychmiastowa, jednak jaka jest rzeczywistość?

Ilustracja 1. Dziecko w okresie dojrzewania jest zagubione i wystawione na wiele krzywdzących czynników.

Może ujmijmy to tak: by być spawaczem — trzeba mieć licencję, by być kierowcą — trzeba mieć prawo jazdy, by zostać nauczycielem języka — trzeba znać język, to oczywiste. Jednak by zarządzać ludźmi lub wychowywać dzieci, nie trzeba mieć niczego. To trochę tak, jakby pasażerowi samolotu pozwolić pilotować, no bo czemu nie. Oczywiście, jeśli myślisz, że sugeruję wprowadzenie licencji na wychowanie dzieci (chociaż może byłby to trafiony pomysł?), to jednak nie! Natomiast uważam, że powinny być wprowadzone inicjatywy dla dzieci i dorosłych, by dawać wskazówki: jak wielką wartość mają słowa? Jak kształtować poziom samooceny, który pozwoli osiągnąć sukces? Czym jest fałszywy marketing lub narkotyczne źródła informacji? Innymi słowy: na polskiej scenie edukacyjnej i wychowawczej powinna być wprowadzona psychoedukacja, która choć trochę byłaby w stanie przygotować ludzi na to, czym jest komunikacja i jak piękną lub destrukcyjną siłą może być w swej naturze, ponieważ wychowanie to przede wszystkim jakość tego, w jaki sposób się komunikujemy.

Omówmy krótko, czego dotyczy ten rozdział? Otóż będzie opisem obecnej sytuacji, która wymknęła się spod kontroli. Następnie skupimy się na konkretnych radach, których celem będzie próba wyciągania ludzi z „poślizgu", nad którym już prawie nikt nie panuje. I tu podzielę się z Państwem swoimi doświadczeniami, które dogłębnie zmieniły mój pogląd na to, kim są współczesne dzieci i młodzież i dlaczego może być tak niebezpieczna. Uwielbiałem moje wizyty w szkołach podstawowych czy ponadpodstawowych, gdzie z młodymi ludźmi rozmawialiśmy na temat uzależnień, zagrożeń w Internecie, depresji czy balansu emocjonalnego. Na początku takie spotkania z młodymi ludźmi wydawały mi się całkiem proste. Ja, dorosły, silny facet spotykam się z dzieciakami, więc jak trudne może to być? Prowadziłem wiele szkoleń dla dorosłych ludzi, reprezentujących różne branże i stanowiska. Były to szkolenia motywacyjne, sprzedażowe itp. Miałem kontakt z wieloma studentami, prowadząc wykłady… I wiecie co? Doszedłem do wniosku, że praca z dorosłymi ludźmi jest jak spacer łatwym i pięknym górskim szlakiem, a praca z młodzieżą przypomina trochę wspinanie się na eksplodujący wulkan. Eksplodujący wulkan to poniekąd wizualizacja tego, jak trudna może być komunikacja z młodymi ludźmi. Byłem w szoku! W końcu mam prawie 40 lat i jeszcze pamiętam czasy szkoły podstawowej, gdy prowadzący zajęcia miał autorytet i szacunek, ponieważ był nauczycielem. Teraz autorytet i szacunek trzeba sobie wyszarpnąć, stojąc naprzeciw ludzi, którzy z konsekwencji zdają sobie dopiero wtedy sprawę, kiedy przeczytają o niej w słowniku. Ponieważ młode pokolenie nie doświadcza konsekwencji, nie wie też, czym są i jak bolesne mogą być dla nich samych oraz ludzi wokół (zajmiemy się tym w dalszej części rozdziału).

Zauważyłem, że problem występuje na poziomie 6,7 i 8 klasy, a jeśli chodzi o klasy ponadpodstawowe, sytuacja raczej eskaluje. Młodsze klasy 1,2,3,4 i 5 są zupełnie inne i wydają się dziećmi. Jest w nich dużo energii i chęci nawiązywania kontaktu. Są w pewien sposób niewinne i naiwne, pełne dziecięcych ideałów i planów na przyszłość. Przechodząc do klas starszych, mam wrażenie, jak bym się przenosił do innej rzeczywistości. Rzeczywistości anarchii i totalnego zepsucia, gdzie bardzo trzeba uważać, by nie zrobić sobie i innym krzywdy. Dlaczego tak się dzieje, do rzeczy.

Jestem w klasie, mamy już właściwą komunikację miedzy sobą, prowadzę ten rozpędzony pojazd pewnie i świadomie, choć czasami zdarzają się małe turbulencje. Zadaję młodym ludziom pytanie, czy chcą być szczęśliwi w życiu. Odpowiedź jest oczywista i wspólna dla wszystkich, oczywiście, że tak. Ok, to coś nas łączy, mówię. Następne pytanie: jak uważacie, czy rozwój intelektualny, fizyczny i emocjonalny jest ważny, by odnieść sukces w życiu? Młodzież bezsprzecznie uważa, że tak. Więc zobaczcie, mówię, ile nas łączy, jak wiele mamy wspólnego. Zatem następnie sugeruję, że sprawdzimy wszystkie obszary rozwoju, które mogą nam pomóc być szczęśliwymi. Młodzież nie może się doczekać.

Ilustracja 2. Jedynie rozwijanie się na wszystkich trzech płaszczyznach pozwala nam na osiągnięcie pełnej dojrzałości, samoświadomości oraz stabilności emocjonalnej.

Zaczynamy od rozwoju fizycznego. To, jak traktujemy nasze ciała pod kątem tego, co jemy i jak dbamy o aktywność fizyczną, jest ważne. Przynajmniej młodzi ludzie uważają, że jest to bezwzględnie ważne. Zatem kieruję pytanie do 30-osobowej grupy: Kto zrobi 30 pompek? Nie zgłasza się żadna lub czasami jedna, dwie osoby, więc proszę, by zademonstrowała. Po wykonaniu kilkunastu pompek stwierdzam, że uczniowi należy się duży szacunek i wyrażam pochwałę. Następnie pytam, kto zrobi 20 lub 10 pompek i tu mamy może następnych dwóch śmiałków. Pytam dalej, który z uczniów przebiegnie 20, a potem 10 lub 5 km i zazwyczaj około trzech osób zgłasza gotowość. Jedno z ostatnich pytań: czy w ogóle jest tu ktoś, kto ćwiczy codziennie lub należy do jakiegoś klubu czy koła sportowego? Odpowiedź: czasami nikt, czasami trzy, cztery lub pięć osób na całą klasę. Następne i ostatnie pytanie, czy ktoś z was interesuje się zdrowym jedzeniem. Zazwyczaj nikt się nie zgłasza, choć są wyjątki.

W etapie drugim skupiam się na rozwoju intelektualnym i zadaję pytanie starszym uczniom, jak długo uczą się języka angielskiego? Odpowiedzi to 6,7 czy 8 lat, w zależności od klasy. Biorąc pod uwagę ilość lat spędzonych na nauce, stwierdzam, że muszą dość płynnie posługiwać się językiem obcym. Również zgadzamy się z faktem, że umiejętność mówienia w obcych językach jest bardzo przydatna w życiu i w sukcesie. No cóż, wyraz twarzy młodych ludzi zupełnie tego nie potwierdza. Zatem sugeruję, że zadam proste pytanie po angielsku i odpowiada tylko osoba, która ma na to ochotę. Po tym zadaniu jasno mogę stwierdzić, że na ok. 100 uczniów 2 osoby potrafią w miarę płynnie odpowiedzieć. Podejrzewam, że nasuwa Ci się konkluzja, że w polskich szkołach nie potrafią uczyć angielskiego, że to system, dyrektor i nauczyciele nie spełniają swojej roli. No cóż, ja z tą powszechnie występującą opinią się nie zgadzam. Zgadzam się z kolei, że żyjemy w jednym z najgorszych systemów edukacyjnych na świecie, który zarządzany jest przez politycznych karierowiczów i odseparowane od rzeczywistości kuratorium, których jedynym celem jest promowanie samych siebie przez tworzenie inicjatyw, których nie powstydziłby się sam Bareja, tworząc swoje ponadczasowe scenariusze. To nie jest wina szkół, reprezentowanych przez dyrektorów i nauczycieli, bo dla mnie ci ludzie to bohaterowie, którzy pracują za miskę ryżu, wykonując jeden z najtrudniejszych zawodów na świecie, przynajmniej w Polsce. Jeśli chcemy szukać winnych takiej sytuacji, to podobno najlepiej zacząć od siebie. Ja zadaję pytanie młodym ludziom, czyja to wina, że po tylu latach nauki nie potrafią odpowiedzieć na proste pytanie? Odpowiedź początkowa: system i nauczyciele, ja z kolei sugeruję „a może wy sami i wasi rodzice?". Jak długo będziecie mogli spychać odpowiedzialność i konsekwencje na ludzi, którzy mają uczyć, a nie wychowywać wasze dzieci? I jak długo wasze dzieci będą obwiniały nauczycieli za swoje niepowodzenia? W końcu lista ludzi, których będzie można obwiniać za nasze błędy, skończy się i ktoś poniesie konsekwencje. Teraz pytanie, kto te konsekwencje poniesie, ale temat konsekwencji jeszcze się pojawi.

Etap trzeci, dotyczący rozwoju emocjonalnego, szokuje mnie do dzisiaj. Dzięki niemu nastąpiła we mnie zmiana w postrzeganiu tego, z jak zniszczonymi, niebezpiecznymi i zagubionymi ludźmi mamy do czynienia. W ostatnim pytaniu, które dotyczy naszego rozwoju emocjonalnego, skupiamy się na empatii. Moje pytanie brzmi: Czy wiecie, czym jest empatia? Bywa, że ktoś ma jakieś pojęcie, ale zdarza się to niezwykle rzadko. Gdy już wyjaśnimy sobie, czym jest współodczuwanie, pytam uczniów, czy potrafią współodczuwać. Na szczęście spotykam się ze stanowczym „tak”. Ale czy na pewno? Następnie przeprowadzam teleturniej, podczas którego pytam młodych ludzi, czy widzieli coś w Internecie, co nimi wstrząsnęło, co spowodowało burzę mózgów, niesmak i obrzydzenie. Pytam o coś, co przykuło ich uwagę, co wzbudziło ich empatię. Po zadaniu pytania cisza. Po chwili sugeruję, że zadam pytanie w inny sposób, na co młodzież ochoczo wyraża aprobatę. „Czy widzieliście filmy lub zdjęcia, jak ludzie znęcają się nad ludźmi lub zwierzętami?” Zadaję to pytanie w dość luźny, aczkolwiek poważny sposób. Nagle padają odpowiedzi, że tak, że widzieli takie filmy czy zdjęcia. Jednak najciekawsze jest to, w jaki sposób o tym mówią: zero emocji, zero współczucia, zero empatii. Wracając do teleturnieju, proszę młodych ludzi, by podzielili się ze mną tym, co widzieli, a najbardziej drastyczna sytuacja wygrywa. Nagle młodzież zaczyna się prześcigać w podawaniu informacji na temat najbardziej wyrafinowanego bestialstwa. Wielu dorosłych ludzi, którym to opowiedziałem, popłakało się, a ja cały czas nie mogę zrozumieć, dlaczego to się dzieje i dlaczego pozwala się na umieszczanie w sieci dowodów zwykłego patologicznego draństwa i okrucieństwa. Ale młodzież mówi głośno i ochoczo, starając się wygrać teleturniej.

<u>Więc proszę pana:</u>

Ja wdziałam, jak psa wsadzili do worka i zatłukli go żywcem.

Widziałem, jak człowiekowi ucinano ręce na żywca.

Ja widziałem, jak niepełnosprawnemu kazano jeść odchody.

Ja wdziałem, jak kota przybito gwoździami do płotu, oczywiście kot żył.

Widziałem gościa, który oblał matkę wrzątkiem.

Ja wdziałem, jak kotu wsadzono petardę w tyłek (i śmiech).

Ja wdziałem jak szczeniaczka wsadzono do miksera.

Zapytano też: Czy jak ktoś na kogoś sika, to jest pornografia?

W ramach wyjaśnienia: taki sposób wymieniania informacji (teleturniej) został wprowadzony do mojego warsztatu po ponad rocznej praktyce, gdy tak naprawdę zacząłem dostrzegać problemy, z których sobie nigdy nie zdawałem sprawy. Ta forma aktywności nie jest zabawą, to forma komunikacji, której celem jest doprowadzenie do refleksji.

To tylko przykłady mniej drastycznych opowieści ludzi, którzy dopiero będą lub już są nastolatkami. Gdy już wrzawa ucicha, gdy pomysły już się kończą, ponownie pytam młodzież, czym jest empatia? Następnie pytam, czy faktycznie potrafią współczuć? I konsternacja. Jednym z przykładów, który wzbudził bardzo dużo śmiechu w pewnej z klas, był przykład kota, któremu wsadzono środek pirotechniczny w otwór ciała. Używam tego przykładu, by postawić się w sytuacji bezbronnego zwierzęcia, by zasmakować tego, czym jest empatia. Proszę młodzież, by wyobraziła sobie, że ktoś wsadza im środek pirotechniczny do intymnego otworu w ich ciele. A teraz ten środek eksploduje w jednym z najbardziej ukrwionych, unerwionych i czułych otworów ich ciała. Następnie pytam, jak się czujecie? Na twarzach młodych ludzi widać grymas i zastanowienie, innymi słowy— na ich twarzach widać nadzieję. Oni potrafią współodczuwać, oni potrafią krytycznie myśleć.

Następne pytanie kieruję do Ciebie:

<u>Czy uważasz, że człowiek, który nie potrafi współodczuwać, jest bezpieczny dla siebie i otoczenia?</u>

Może ujmę to inaczej: w telewizji cały czas mówi się o drastycznych nagraniach, na przykład samosądach, gdzie grupa nastolatków katuje innego nastolatka, wprawnie nagrywając to na telefonie i publikując w mediach społecznościowych, 14-latek zadźgał innego 14-latka, grupa starszych uczniów terroryzuje innych uczniów, co doprowadziło do samobójstwa, 17-latek zgwałcił i zamordował 14-latkę. I nagle pojawiają się pytania, jak to możliwe, jak to mogło się stać? W pewnej części odpowiedź macie powyżej. Mamy do czynienia ze złą i zdemoralizowaną do szpiku kości młodzieżą, która nie zdaje sobie sprawy, jak ważna jest komunikacja, jak ważne są relacje z innymi ludźmi, a przede wszystkim, czym są konsekwencje. Czy mówiąc zła i zdemoralizowana do szpiku kości młodzież uważam, że młodzi ludzie są winni tej sytuacji? Nie, absolutnie tak nie twierdzę. Uważam zupełnie przeciwnie — są to ofiary chorego systemu, na którego czele stoją rzesze polityków, wybitnie niedostrzegający faktycznego stanu rzeczy. Winni są też przerzucający się odpowiedzialnością rodzice, którzy nie wierzą, że problem dotyczy ich dzieci. Ludzie reprezentujący bezpośrednio szkołę muszą się mierzyć z młodzieżą, która nie jest w stanie współodczuwać, z młodzieżą, dla której bestialstwo, bezmyślność, brak poczucia konsekwencji, brak autorytetu i wielowymiarowa agresja może zniszczyć każdego. I z pewnością zniszczy niejednego człowieka, czego sam byłem świadkiem, odwiedzając setki polskich szkół. W kilku placówkach spotkałem się z historią dzieci, które popełniły lub chciały popełnić samobójstwo. Również spotkałem się z historiami nauczycieli, którzy próbowali lub popełnili samobójstwo. A ludzie, którzy na to przyzwalają, finalnie poniosą konsekwencje.

Rozwój emocjonalny, fizyczny i psychiczny został opisany powyżej. Chyba warto rozważyć, co jest przyczyną takiego stanu rzeczy. Dla mnie odpowiedź zawiera się w dwóch słowach, którymi są „nowoczesne narkotyki".

ROZDZIAŁ 2

NOWOCZESNE NARKOTYKI

Nim pojawi się wyjaśnienie, czym są nowoczesne narkotyki, konieczne jest pytanie: czym są narkotyki w ogóle? Jak w prawie każdej dziedzinie życia działamy bardzo intuicyjne, analizując sytuacje i odpowiadając na pytanie natychmiast. Jednak teraz zastanów się głębiej: czym są narkotyki? Przedstawmy to w innej perspektywie: jeszcze nie tak dawno, gdy to ja uczęszczałem do szkoły (a mam 39 lat, więc jeszcze doskonale pamiętam czasy szkolne), gdy myśleliśmy o osobie, która może mieć problem z narkotykami, to mieliśmy na myśli osobę, która ma głęboki problem alkoholowy lub uwikłana jest w uzależnienie, związane z innymi narkotykami, jak heroina, amfetamina czy klej. Palenie papierosów również występowało wśród młodzieży, nawet dość często i uczniowie palący robili spore wrażenie na rówieśnikach. Teraz wrażenia raczej nie robią żadnego, ponieważ palenie stało się normą, zwłaszcza, że palaczy wokół jakby nieco mniej... Z pewnością nie są tak groźnym uzależnieniem, z jakim styka się współczesna młodzież od najmłodszych lat.

Muszę zapytać, czy narkotyki niszczą i uwsteczniają nasz rozwój intelektualny, fizyczny i psychiczny? Z pewnością tak. Każda używka, szczególnie narkotyki, ma za zadanie:

- dostarczyć nam fałszywego poczucia kontroli,

- w fałszywy sposób podnieść naszą samoocenę,

- dostarczyć nam fałszywego poczucia spełniania.

To trzy główne zadania narkotyków, których celem jest zapewnienie nam poczucia komfortu, kontroli i celu w życiu za pośrednictwem niezwykle uzależniającego neuroprzekaźnika, którym jest dopamina. Narkotyki stymulują wydzielanie dopaminy, co sprawia, że w sposób fałszywy stajemy się lepsi, ważniejsi i niepokonani. Bardzo często okazujemy to poprzez zbytnią pewność siebie i krzywdzenie innych ludzi.

Ale teraz następne pytanie: <u>Czy jesteś ćpunem?</u>

Lubię zadawać to pytanie młodzieży podczas naszych spotkań. Tylko proszę, nie nadinterpretuj, pytanie jest zadawane z szacunkiem i w ściśle określonym celu. Tym celem jest wzbudzenie refleksji na temat ratowania życia. Młodzież wykazuje zainteresowanie tym pytaniem i odpowiada stanowczo, że nie. Z kolei zadaję młodym ludziom pytania na temat ich ulubionej formy spędzania czasu i skupiamy się na trzech najbardziej lubianych i powszechnych formach spędzania czasu, którymi są gry komputerowe, media społecznościowe oraz platformy streamingowe. I tu ważna, kluczowa wręcz informacja, dotycząca uczniów młodszych. W klasach 1 – 5 nie widać jeszcze nagminnego spędzania czasu wolnego w sieci, choć problem już się pojawił i narasta — a to ważna informacja dla rodzica, który chce uratować lub w odpowiednim czasie wpłynąć na swoje dziecko, mimo że to dopiero początki, na pozór niewinne kontakty z nowoczesnymi narkotykami. W klasach 6 - 8 dzieje jest o wiele ciekawiej pod tym względem, a informacje, które ujawnię, mogą szokować.

Czas by zadać pytania młodzieży, które w oparciu o faktyczną współpracę i obopólne zaufanie powinny być jak najbardziej szczere. Pytania te, na pozór niewinne i dotyczące naszych codziennych nawyków, finalnie mają na celu wzbudzenie głębokiej refleksji oraz konkluzji.

Pytanie nr 1: Czy gracie w gry komputerowe? Zazwyczaj około 50% uczniów odpowiada twierdząco.   Kontynuacja pytania: Ile czasu dziennie na to poświęcacie? Odpowiedź młodzieży: od 3 do 5 godzin dziennie. Oczywiście dość często pojawiają się „wybitne" jednostki, które deklarują nawet 8 godzin dziennie.

Pytanie nr 2: Czy używacie mediów społecznościowych

(Tik Tok, Facebook, Instagram lub inne)? Odpowiada pozytywnie zwykle cała klasa, ponieważ wszyscy używają). Kontynuacja pytania: Ile czasu dziennie wam to zajmuje? Odpowiedzi są różne, najczęściej jest to od 4 do 8 godzin.

Pytanie nr 3: Czy korzystacie z platform streamingowych? Odpowiedź: Tak, najczęściej od 3 do 5 godzin dziennie.

Wyniki powyższych badań, które przeprowadziłem na przestrzeni ostatnich pięciu lat w czasie spotkań z tysiącami uczniów, w różnych rejonach Polski, nie napawają optymizmem. Suma godzin wskazuje, że młodzież większość swojego niezwykle produktywnego momentu w życiu spędza na uzależnieniach, które stymulują pracę ich mózgu w taki sam sposób, jak legalne (alkohol) i nielegalne narkotyki. Analizując dokładniej czas, jaki młodzież poświęca dziennie na narkotyczne aktywności, zgromadziłem pewne wnioski. Ponieważ niektórzy uczniowie skupiają się tylko na graniu, u innych występuje uzależnienie krzyżowe, czyli np. 4 godziny mediów społecznościowych, 3 godziny grania i 2 godziny platform streamingowych, co w rezultacie daje od 8 do 10 godzin dziennie. Wyniki i wnioski przedstawiam młodzieży, na której wydaje się to nie robić wrażenia.

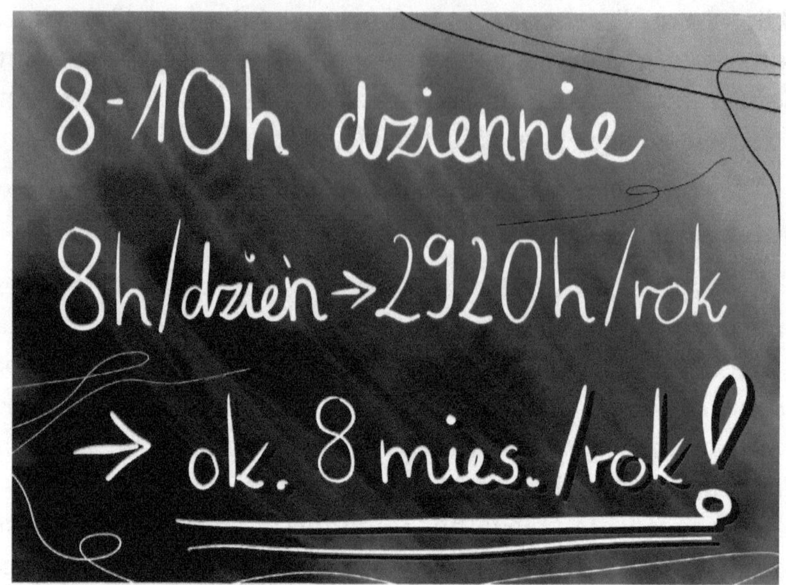

Ilustracja 3. Biorąc pod uwagę, że w ciągu dobry musimy oczywiście również spać, a więc czas, który możemy wykorzystać się skraca, młodzież zaprzepaszcza średnio 8 miesięcy z roku na używki!

Biorąc pod uwagę fakt, że najbardziej dynamiczny rozwój mózgu i ciała młodych ludzi przypada właśnie na okres przedszkolny i szkolny, kieruję do Ciebie pytanie: Co dzieje się z rozwojem psychicznym, fizycznym i emocjonalnym u osób, które najważniejszy moment swojego życia trwonią na ciężkie uzależnienia, które pochłaniają więcej niż połowę życia tych młodych ludzi? Coś z pewnością się dzieje, biorąc pod uwagę poziom fizyczny, intelektualny i emocjonalny współczesnej młodzieży, co przedstawiłem w poprzednim rozdziale. Ale dlaczego tak się dzieje?

No cóż, o tym też nie każdy wie, że potężne firmy, które zapewniają nam takie rozrywki, jak gry, media społecznościowe czy platformy streamingowe, inwestują rocznie setki milionów dolarów, współpracując z firmami badawczymi w celu uczynienia ich produktów niezwykle uzależniającymi. Innymi słowy — chcą, by ich produkty uzależniały jak narkotyki.

Wyjaśnijmy to.

Jak już wcześniej napisałem, osoby uzależnione od narkotyków, w tym alkoholu, pragną mieć poczucie kontroli, pragną podnieść poziom samooceny i z pewnością chcą doświadczyć poczucia spełnienia. Weźmy pod uwagę jeden z najgroźniejszych, również twardych i ogólnie dostępnych narkotyków na rynku, jakim jest alkohol.

Z pewnością większość z nas doświadczyła stanu po spożyciu alkoholu. Co się wtedy z nami dzieje? Jesteśmy bardziej pewni siebie, czujemy się komfortowo, problemy znikają, jesteśmy lepszą wersją samych siebie. Czy na pewno? Oczywiście to pytanie retoryczne. Ale jak w takim razie narkotyki można porównać do gier, mediów społecznościowych czy platform streamingowych?

Czy spotkaliście się kiedyś z sytuacją, gdy wasz przyjaciel, ktoś obcy, wasze dziecko albo wy sami poświęcaliście się godzinami ulubionej grze komputerowej? Waszym celem było pokonanie kogoś lub przejście planszy. Teraz pomyślcie o emocjach, które wam towarzyszyły.

Wiem z doświadczenia, że syn mojej dziewczyny, którego kocham i tratuje jak swego, potrafił rzucać joystickiem i nawet kląć, a miał 13 lat. Chociaż to i tak skromne reakcje, biorąc pod uwagę sytuacje, gdy rodzice doświadczają agresji słownej i fizycznej w momencie, gdy zwracają uwagę na zachowanie młodego człowieka lub próbują ukrócić jego narkotyczną aktywność. Ale ok. minęły godziny, dni, tygodnie i nagle nadchodzi ten moment tryumfu i zwycięstwa. I moje pytania brzmi: Co ten człowiek tak naprawdę osiągnął? Co, do diabła, osiągnąłeś, przechodząc tę grę? Z pewnością czuł się komfortowo, z pewnością chwilowo podniósł swoją samoocenę i z pewnością doświadczył fałszywego poczucia spełniania. Wszystko to jest tak przyjemne, ponieważ stymuluje wydzielanie dopaminy w naszym mózgu, a przy okazji jest tak uzależniające. Tak, jak po wciągnięciu kreski lub wypiciu paru głębszych. Oczywiście pierwsze doznania po tym, gdy narkotyki zaczynają działać, są cudowne. Ale co się stanie, gdy przestają działać? Odpowiedź jest oczywista: aby ponownie dostarczyć sobie, wszystkich powyżej wymienionych doznań, trzeba zażyć ponownie. Jak zawsze nie chcę demonizować, ponieważ zdarzają się ludzie oburzeni tym, co mówię, twierdząc, że gry rozwijają. Absolutnie się zgadzam i nie zamierzam zaprzeczać takim opiniom, ponieważ je szanuję, a każdy z nas i tak finalnie poniesie konsekwencje wszystkiego tego, co robi wobec siebie i innych. Jeśli ktoś uważa, że poświęcanie kilku godzin dziennie na czynności, które stymulują pracę mózgu jak narkotyki, jest korzystne dla jego samego lub jego własnych dzieci, to nie mam nic przeciwko. Kiedyś zwyrodniali rodzice, by zyskać czas i spokój, podawali swoim dzieciom alkohol. Z pewnością tak bestialskie praktyki w niezmienionej formie istnieją do dzisiaj. Jak nazwiemy sytuację, w której młody człowiek izoluje się godzinami, dniami, latami, a dla opiekunów sytuacja taka jest korzystna, ponieważ mają spokój i czas dla siebie? Jednak czy na pewno? Konsekwencje uzależnień zawsze występują, a siła, z jaką uderzają, potrafi zmienić rzeczywistość, a czasami nawet zabić.

O tym powiemy w kolejnym rozdziale.

Media społecznościowe przede wszystkim dostarczają nam pozornego poczucia spełniania poprzez bardzo wyrafinowaną oraz subtelną stymulację poziomu własnej samooceny, przez co stają się niezwykle uzależniającym narzędziem. To oczywiste, że żyjemy w świecie, w którym jedyna wartość, która ma znaczenie, to nie „kim jesteśmy", ale „co mamy". Również ważne jest to, ilu ludzi podziela nasze poglądy i styl życia. Media społecznościowe dają wielką możliwość autopromocji, co jest niezwykle korzystne, ponieważ mamy szansę poznawania nowych ludzi, zainteresowania ich tym, co robimy, a finalnie zachęcania do twórczych inicjatyw. Co zresztą bardzo często się dzieje, za co jestem wdzięczny. Jednak skala złego w porównaniu do dobrego jest nieproporcjonalna.

Wszyscy mieliśmy jakieś wzorce w młodości. Moimi byli sportowcy Mike Tyson i Michael Jordan, a ze świata kina bohaterowie filmów Rocky i Ojciec Chrzestny. Czy były to dobre wzorce? Myślę, że tak, ponieważ zachęcały do ciężkiej pracy na boisku czy w ringu oraz wzbudzały we mnie empatię i budowały szacunek dla drugiego człowieka. A jakie wzorce mamy dzisiaj, które podbijają serca młodych ludzi i wytyczają możliwość osiągnięcia sukcesu? Podam dwa przykłady, o których dowiedziałem się od młodzieży.

Pierwszy to pani L, która zrobiła wielką karierę w mediach społecznościowych, publikując materiały na temat swojego życia seksualnego z różnymi raperami. Sposób, w jaki o tym opowiadała, jest niezwykle „widowiskowy". Ja wytrzymałem 3 minuty, oglądając tę panią. Ta znana przez młodzież celebrytka, zarabiająca miliony, jest wzorcem dla młodych ludzi. Czy taki wzorzec osiągnięcia sukcesu może pomóc naszym dzieciom, które wydają się zafascynowane tym sposobem na życie, który dostarcza sukcesu finansowego i sławy, a przy tym jest tak prosty?

Następnym popularnym celebrytą, działającym w mediach społecznościowych, jest „Kamerzysta". Młodzież powiedziała mi, kim jest ten człowiek i w jaki sposób osiągnął sukces. Jednak pomysł osiągnięcia sukcesu inspirowany próżnością, łatwymi pieniędzmi, uzależnieniem od agresji czy nieprzerwaną walką o zapewnienie sobie poczucia wysokiej samooceny oraz kontroli ewoluował i jest prosty niczym wciągnięcie kreski. Tak zwani patostreamerzy przyciągają przed ekrany komputerów młodych ludzi, którzy uczestniczą w możliwości płacenie za krzywdę innych ludzi. Dla przykładu: przedsiębiorczy człowiek, który zajmuje się stremowaniem, prosi uczestników swojego kanału, by ci wymyślili, na co mają ochotę, co chcą zobaczyć, jaką karę lub formę tortur prowadzący kanał ma wymierzyć swojej mamie. Czy ma być to uderzenie, oblanie wrzątkiem, nazwanie „kurwą", a może gwałt? Każda konfiguracja bestialstwa dopuszczona, a jedyne, o co proszą, to zapłata za usługę. Moje pytanie brzmi: Jak to jest możliwe? Gdzie państwo, prawo, autorytety, kościół, rodzina, miłość, empatia, wyobraźnia, zdrowy rozsądek?

Tych wzorców i patologicznych zachowań, które stają się receptą na sukces, jest po prostu już zbyt wiele i z pewnością zabiły i nadal zabijają ludzi w pośredni lub bezpośredni sposób. Żal mi rodziców, z którymi rozmawiam, szczególnie matek, które doświadczają agresji słownej i fizycznej od swych nastoletnich córek czy synów, idących niczym pani L. torem sukcesu i sławy, nie zdając sobie sprawy z konsekwencji, które i tak ich w końcu dopadną.

Wróćmy jeszcze do subtelnego i fałszywego sposobu podnoszenia własnej samooceny. Czy zwróciłeś uwagę na treści, jakie są publikowane na platformach typu Facebook czy Instagram? Ojciec bawiący się z dzieckiem na podjeździe swojego domu, na którym stoi porsche. Mama, która właśnie z córką zapisały się na botoks. Właśnie jestem po treningu na siłowni, wiec nieco napnę się i wypnę, by pokazać wam, jak doskonały jestem. Następnie, im więcej like-ów mamy, im więcej zazdrości wzbudzimy, tym lepiej się czujemy, nasza samoocena wzrasta. Czy tak jest rzeczywiście? Jest tak jak po wciągnięciu kreski lub wypiciu paru głębszych, czyli przez chwilę czujemy się doskonale, jednak nie trwa to zbyt długo, wiec trzeba szybko poprawić. Potrzeba akceptacji, przynależności i bezpieczeństwa jest fundamentalną potrzebą każdego człowieka, bez niej zwyczajnie umieramy. Pamiętając o starym przysłowiu „z kim przystajesz, takim się stajesz", czy nie warto dowiedzieć się, kto jest wzorem dla naszego dziecka, co jest dla niego wyznacznikiem sukcesu i szczęścia? Ilu z Was tak naprawdę kiedykolwiek zadało pytanie swemu dziecku: Kto jest twoim wzorcem i dlaczego?

Niezwykle pochłaniającą aktywnością, której doświadczamy, jest korzystanie z platform streamingowych typu HBO czy Netflix. Sam korzystam i lubię to robić, jednak staram się ograniczać do maksymalnie trzech godzin w tygodniu. Oglądam głównie dokumenty w języku angielskim, by zdobyć nową wiedzę i podnosić umiejętności językowe. Czasami jednak seriale i filmy, które oglądamy, zabierają nam dni i tygodnie. Pomyślcie, ile kilometrów moglibyście przebiec, ile czasu spędzić z rodziną lub ilu języków się nauczyć. Jednak co osiągnie młody człowiek, który poświęca najważniejszy moment swojego życia na życie życiem innych ludzi, zamykając się w świecie filmów i seriali. Zgadzam się, że niektóre filmy mogą być inspiracją, mogą przedstawić nam nowy punkt widzenia i zachęcić do zmian, jednak ile takich filmów jest? Czasami pytam młodzież, czy poświecili całą noc lub weekend na oglądanie ulubionego serialu i bardzo często odpowiedź jest twierdząca. Pytam też, co im to dało oprócz rozrywki i zarwanej nocy, a wtedy odpowiedź brzmi „nic". Ponownie mamy tutaj potwierdzenie, że sposób działania „narkotyków" dostarcza sukcesu finansowego wielu firmom. Czy zarwaliście kiedyś noc na oglądanie ulubionego serialu? Czy nie działało wtedy to medium jak narkotyk, np. wypijasz jeden kieliszek wódki, który powoduje, że robi się przyjemnie i ciekawie, następnie drugi, trzeci, czwarty, piąty i tak dalej, aż do „odcięcia" od rzeczywistości? Czy schemat nie jest podobny do maratonów filmowych, do których w tak niewinny sposób jesteśmy zachęcani?

Sposób traktowania naszych ciał pod kątem aktywności fizycznej również pozostawia wiele do życzenia, a także jedzenie, które spożywamy podczas maratonów filmowych, finalnie może wywołać depresję lub nas zwyczajnie zabić. Ten swoisty fenomen przedstawiam na moim kanale YouTube, gdzie omawiam „fałszywy marketing" i jego wpływ na wdrażanie destruktywnych uzależnień w nasze życie. Gorąco zachęcam.

Powyższa, krótka analiza współczesnych uzależnień, których moc działania niczym nie różni się od wciągania białego proszku do nosa lub płynu do naszego gardła, próbuje udowodnić, że jesteśmy niezwykle zakłamani, a haniebne kształtowanie rzeczywistości i walka z wiatrakami w momencie, gdy młodzi ludzie idą na rzeź, to hipokryzja. Dziecko nie może iść na siłownię, ale może być informowane od najmłodszych lat, że alkohol, śmieciowe jedzenie czy środki na erekcje są niezbędne. Dziecko nie dostanie gratis możliwości nauki programowania, szkoleń na temat zdrowego żywienia, sportu czy zajęć psychologicznych, ale z pewnością w gratisie otrzyma drugą butelki coli, czy paczkę chipsów. Wasi medialni bohaterowie sprzedadzą wam każde gówno, jeśli tylko zarobią na tym odpowiednią kwotę. Jednym z najlepszych przykładów jest gwiazdor światowego formatu, który za cenę zysku sprzeda zdrowie ludzi, którzy traktują go jak boga.

Ilustracja 4. Nawet sławni ludzie reklamują używki dla pieniędzy, dlatego ważne jest, aby, być świadomym co jest dla nas dobre, a co nie.

ROZDZIAŁ 3

LICENCJA NA WYCHOWANIE

Aby móc wypowiadać się o wychowaniu, należy w tej dziedzinie mieć pewne doświadczenie, a jeśli ono udokumentowane jest sukcesem, tym lepiej. Sukces i jego brak najczęściej objawiają się w konsekwencjach, jakie ponoszą nasi podopieczni i jakie ponosimy my. Możemy wychować silną, charyzmatyczną i wierzącą w siebie istotę, która w dalszej perspektywie będzie naszym przyjacielem i wsparciem. Jednak nie rzadziej efektem „wychowania" jest osoba, która stanie się naszym katem. Często się zdarza, że osoby niezdolne do pracy, komunikacji, pozbawione empatycznego myślenia, czy pewności siebie, które wchodzą w dorosłe życie, zostają w domu z rodzicami, stając się pewnego rodzaju pasożytem, który w różny sposób może traktować swoich żywicieli. Pasożyt to mocne słowo, z pewnością budzi w nas negatywne skojarzenia, jednak słowo to broń, o czym przekonacie się w dalszej części tego rozdziału. Jednak by nikogo nie urazić, możemy użyć innego sformułowania, jakim jest wspieranie osób niezaradnych życiowo. W tej sytuacji na płaszczyźnie społecznej stajemy się troskliwymi opiekunami, lecz na płaszczyźnie psychologicznej będziecie współuzależnionymi. Zapytacie, od czego uzależnionymi? Teraz wszystko zaczyna układać się w pewną całość. Pamiętacie, gdy we wcześniejszym rozdziale porównywaliśmy wychowanie do auta, pędzącego po śliskiej nawierzchni? Jeśli tak, to wiemy, że najbardziej dynamiczny proces kształtowania się młodego człowieka pod kątem psychologicznym i osobowościowym przypada na okres, kiedy czerpie on wiedzę z najbliższego otoczenia, kiedy inni ludzie są dla niego wzorem. Aby to uściślić, bez zbędnych terminów naukowych powiem, że jest to okres przed urodzeniem, a także zaraz po przyjściu na świat. Rozwój prenatalny omówię krótko, kierując skupienie na moment, gdy za pomocą naszych słów, emocji czy mowy ciała będziemy kształtować osobowość i psychikę przyszłego człowieka.

Najpierw wróćmy do naszego porównania. By sprawnie prowadzić auto, z pewnością potrzebujemy odpowiedniego przygotowania i potwierdzających to dokumentów oraz doświadczenia. Następną sprawą jest rodzaj prowadzonego samochodu: może to być mały, zwykły, komfortowy i ekonomiczny pojazd, którym łatwo kierować i który nie wymaga od kierowcy szczególnych umiejętności, by nad nim zapanować, albo może to być auto wysokiej mocy, o dużych gabarytach i bardzo wysokim zużyciu paliwa.

Tak samo jest w kwestii wychowania dzieci. Gdy są jeszcze w brzuchach mam, a następnie tuż po urodzeniu, z pewnością są niezwykle kochanymi i hałaśliwymi istotami, chłonnymi i w pełni uzależnionymi od rodziców. Wymagają dużego zaangażowania, lecz jest to zaangażowanie w większości przypadków przewidywalne, bo wiemy, jakie trudności i wyzwania nas czekają. Przypominają małe auto, podążające w kierunku zależnym od nas.

Inaczej dzieje się w kolejnych latach ich życia. Jak napisałem w poprzednim rozdziale, omawiając temat uzależnień, nowoczesne narkotyki to nie tylko używki, ale również i przede wszystkim współczesna technologia w rękach bezmyślnych polityków i niezwykle przebiegłych korporacji, których celem jest uzależnienie dziecka od najmłodszych lat jego życia. Jak to się dzieje? Otóż ten wczesny okres wychowania nie jest łatwy, bo wymaga dużo zaangażowania i energii, przynajmniej w pierwszych trzech latach po urodzeniu, ponieważ współczesne tempo życia, poziom stresu oraz konfliktów w społeczeństwie okazać się może dla wielu bardzo wysoki. Zatem co robimy, by odciążyć się od codziennych zmagań, dotyczących wychowania dziecka? Wielu ludzi korzysta z rozwiązań technologicznych, które w doskonały sposób angażują umysł młodego człowieka na wiele godzin, nie sprawiając żadnych problemów wychowawczych. Czy spotkaliście się z trzylatkiem, a nawet młodszym dzieckiem, które godzinami było pochłonięte graniem na telefonie lub tablecie? Wprawdzie problem wzmożonej opieki został zażegnany, ale zastosowany tu sposób wygląda tak, jak by opiekunowie podali swojemu podopiecznemu drinka, by się uspokoił. Z pewnością działa, ale jakie będą tego konsekwencje? Już pierwszy kontakt z takim „narkotykiem" bezpowrotnie zmienia strukturę mózgu, który może stać się bardzo podatny w przyszłości na destruktywne uzależnienia. Innymi słowy, narkotyki bezpośrednio zmieniają strukturę neuronową mózgu, czyli przede wszystkim wpływają na to, jak widzimy siebie i rzeczywistość wokół. Pojenie dzieci nowoczesnymi narkotykami od najmłodszych lat może skutkować uzależnieniem i uwstecznieniem pod kątem intelektualnym, psychicznym i fizycznym.

Szkoda, że takich informacji nie ma na grach, opisach mediów społecznościowych, czy fałszywym marketingu lub choćby na butelce piwa lub wódki albo na fastfoodach. Ale są przecież na papierosach i to załatwia sprawę bycia etycznym w kwestiach społecznych i biznesowych, a szczególnie politycznych. Podobno największą sztuczką diabła było wmówienie ludziom, że nie istnieje. Nie doszukujmy się jednak teorii spiskowych, ponieważ nie to jest celem tej książki.

Przejdźmy teraz do wychowania na autopilocie. Współczesne narkotyki, które pomagają w wychowywaniu dzieci, w pewnym sensie pełnią funkcje autopilota, którego działanie zaobserwować można w lotnictwie. Gdy maszyna już się wzniesie, zaawansowane komputery przejmują kontrolę, by usprawnić lot i odciążyć pilotów. Jednak by maszyna wylądowała, piloci ponownie przejmują nad nią kontrolę, by się nie rozbiła. Aby odciążyć siebie od trosk codziennego wychowania i mieć trochę wolnego czasu, wielu rodziców pozwala swym dzieciom odpłynąć w wirtualny świat. Wtedy właśnie dzieci lecą na autopilocie. Jednak czas lądowania w końcu nadejdzie, więc pojawia się pytanie, czy będzie to lądowanie bezpieczne, czy też nastąpi katastrofa? To podsumowanie tego, jaki wpływ na wychowanie może mieć pojenie dzieci współczesnymi narkotykami, które działają na chwilę, jak to narkotyki. Jednak to łatwe w prowadzeniu auto z czasem nabierze mocy i wzrośnie poziom energii, niezbędnej do utrzymania kursu. Jest to etap dojrzewania, w którym wielu rodziców traci kontrolę i nie ma pojęcia, jak utrzymać dziecko na właściwym kursie.

To czas, by przejść do niezwykle prostych sposobów tworzenia super ludzi, którzy dzięki nam mogą mieć piękne życie. Arystoteles powiedział, że wszystko, co piękne, jest również trudne, więc nie każdy zgodzi się z dalszą treścią publikacji i nie każdy zechce jej używać.

ROZDZIAŁ 4

WYCHOWANIE

Krytyczne myślenie

Nie musisz się ze mną zgadzać, jednak to, w jaki sposób interpretujemy słowo „narkotyki" we współczesnych czasach, ma znaczenie. To nie czas sprzed dwudziestu lat, kiedy spektrum uzależnień miało ograniczoną formę i raczej dotykało ludzi względnie dorosłych. Teraz sytuacja się zmieniła i narkotyki w życiu młodych ludzi pojawiają się bardzo wcześnie. Czy warto dostrzegać temat narkotyków z zupełnie nowej perspektywy, czy warto się przeciwstawić, czy warto myśleć o konsekwencjach? Na to pytanie każdy z nas może odpowiedzieć sam.

Rozwój prenatalny

Krótko o rozwoju prenatalnym. Ponieważ nie jestem fachowcem w tej dziedzinie, postaram się jedynie wyszczególnić sens i uwagę, jaką powinno przywiązywać się do tej niezwykle ważnej dziedziny wiedzy. To, co matka je i jak traktuje swoje ciało, ma bezpośredni wpływ na przyszłą kondycję fizyczną i psychiczną dziecka. Jednak to nie wszystko, co ma wpływ na jeszcze nienarodzone dziecko. No cóż, nie żyjemy na plaży ze słonecznego patrolu, gdzie wszyscy są piękni, młodzi i mili dla siebie. To bardzo wyidealizowany świat i ma prawo takim być, ponieważ to świat fikcyjny. Owszem, czasami życie jest jak film i przyszła matka wokół siebie ma ludzi, którzy swoim świadomym zachowaniem starają się zapewnić jej właściwy przebieg ciąży. Jednak komfort i wsparcie są niezbędne nie tylko dla matki. Korzysta na tym również dziecko, ponieważ wtedy, w pierwszych momentach swojego życia, zalewane jest hormonami szczęścia, takimi jak serotonina czy dopamina, które bardzo wspomagają jego korzystny rozwój. Rozwój ten w dalszej perspektywie skutkować będzie w bardzo silnym układzie odpornościowym, który z kolei mocno wpływa na rozwój emocjonalny naszych pociech. By ten stan osiągnąć, trzeba wokół siebie mieć człowieka, który świadomym, pełnym empatii zachowaniem nie tylko dba o swoją ukochaną, ale również dba o wysoki standard rozwoju swoich nienarodzonych dzieci.

Jednak może też być zupełnie inaczej. Możemy mieć wokół siebie ludzi, których zachowanie określimy mianem bestialstwa. Nawet gdy kobieta jest w tak ważnym momencie swojego życia, doświadcza agresji fizycznej i werbalnej, narażona jest na wiele stresujących sytuacji i upokorzeń, a wokół nie ma nikogo, kto mógłby jej pomoc. Przerażające? Niestety, w wielu przypadkach właśnie taka jest rzeczywistość, która zwyczajnie niszczy lub zabija. Rzeczywistość ta może być wyrażona w słowach takich, jak adrenalina i noradrenalina oraz kortyzol. To hormony stresu, które wprawdzie mają swoje zalety w codziennym życiu, jednak życie matki w przewlekłym stresie, podczas którego dziecko zalewane jest toksynami w postaci hormonów stresu, doprowadzić może do tragedii. Prowadzi do osłabienia układu odpornościowego, a jak napisałem wcześniej, układ odpornościowy ma bezpośredni wpływ na rozwój naszego całego organizmu. Nie tylko pod kątem odporności, lecz również naszej fizyczności i rozwoju emocjonalnego. Hormony stresu również czynią środowisko rozwoju dziecka niezwykle toksycznym. To trochę tak, jak kąpanie się w rzece przy rurze ściekowej, które z pewnością będzie miało wpływ na nasze samopoczucie, zdrowie oraz przyszłość.

Ilustracja 5. Dziecko otoczone chaosem nie jest w stanie poprawnie funkcjonować i się rozwijać.

Podsumujmy: wychowanie to działanie, które zaczyna się podczas rozwoju prenatalnego, gdy warto zdać sobie sprawę z tego, jak ważne jest i jaki wpływ ma nasze zachowanie na drugiego człowieka. Oczywiście temat przedstawiłem w bardzo ogólny sposób, ponieważ moim celem było zwrócenie uwagi na zaistniały fakt, który ma potężne znaczenie w formowaniu przyszłości ludzi. Polecam również wiele publikacji naukowych i książek, które są ogólnodostępne, bo wystarczy wpisać w wyszukiwarce „rozwój prenatalny" i znajdziecie wiele ciekawej wiedzy na ten temat.

<u>Neurolingwistyczne programowanie</u>

Słowo to broń, która może dawać inspiracje do życia, może być niczym paliwo rakietowe, które wynosi rakietę z wielkim impetem w przestrzeń kosmiczną. Słowa, które wypowiadamy względem innych ludzi, mogą również być jak ciężar przywiązany do nóg człowieka, który stara się utrzymać na powierzchni wody, a śmierć w tym przypadku może być niezwykle bolesna i powolna. Może ujmijmy to z innej perspektywy, a mianowicie technologii, która nas otacza. Z pewnością wielu ludzi w Polsce posiada swój własny komputer. By komputer dobrze działał, co jest niezbędne? Jak myślisz? Zawsze zadaje to pytanie młodzieży w czasie spotkań. Odpowiedzi, które otrzymuję, są różne — że niezbędny jest ekran, prąd czy klawiatura — i każda z tych odpowiedzi jest prawidłowa. Lecz fundamentalnym komponentem komputera, bez którego nikt nie będzie w stanie działać nawet na najbardziej wyposażonym komputerze na świecie, jest oczywiście oprogramowanie. By chronić oprogramowanie komputerowe przed zainfekowaniem, używamy antywirusów. Jednak czasami nasz nieświadomy błąd spowoduje, że system zostanie zainfekowany i zwolni lub zupełnie przestanie działać. Co gorsza, może robić różne dziwne rzeczy, które są poza naszą kontrolą. Konsekwencje mogą być trudne do opanowania i bardzo kosztowne. Moje pytanie brzmi: kto z Was wgrałby świadomie wirusa na swój komputer lub komputer osoby mu bliskiej? Nie chcę być zbyt sugestywny, ale pewnie nikt. Dlaczego więc bardzo często dorośli, opiekunowie lub rodzice wgrywają wirusy w oprogramowanie swoich podopiecznych? Jak często się to dzieje, nawet nie zdajemy sobie z tego sprawy. Możliwości jest wiele. Czasami może być to opiekun, który nie ma pojęcia o wychowaniu dzieci, który czerpie i przenosi złe wzorce zakorzenione mu przez jego rodziców, może to być osoba z bardzo niskim poczuciem własnej samooceny, która wykorzystuje własne dziecko do zasilania swojego pustego ego, może to być również osoba, która stara się w bardzo nieefektywny sposób motywować lub może to być zwyczajnie ktoś niekompetentny.

Zatem dlaczego słowo to broń i czym jest neurolingwistyczne programowanie? To jedna z najprostszych i najbardziej skutecznych form wychowania. Zanim ją omówimy szerzej, chciałbym Was poprosić, byście pomyśleli o pewnej sytuacji w Waszym życiu, o czymś, co wydarzyło się niedawno lub bardzo dawno temu, z udziałem osoby bliskiej lub obcej. Konkretnie chodzi o słowa, które ta osoba do Was wypowiedziała. To mogło być coś bardzo przyjemnego, motywującego, dodającego odwagi i wiary w siebie, wpływającego na przełomowy moment w Waszym życiu. Mogło to być również coś nieprzyjemnego, szybka powierzchowna ocena, niekonstruktywna krytyka, która wgrała wirusa w Wasz system. Po tej rozmowie już nic nie było takie samo, bo w pewien sposób przestaliście w siebie wierzyć. Czasami nie muszą to być lata komunikacji z kimś, bo wystarczy jedna rozmowa z kimś istotnym dla nas i ta rozmowa może zmienić nasze życie, ponieważ jak już pisałem wcześniej, słowo to broń. To, kim stajemy się w przyszłości, uwarunkowane jest tym, w jaki sposób o sobie myślimy, a to z kolei uwarunkowane jest tym, w jaki sposób inni ludzie nas traktują, czyli w jaki sposób nas programują. By to przedstawić w szerszej perspektywie, zapraszam do kolejnej części tego rozdziału.

Komunikacja i DNA

Bardzo często podzielamy stereotypy, że to, kim się stajemy, jest z góry ustalone, ponieważ mamy takie geny. Taki stereotyp dominował jeszcze do niedawna w świecie nauki, jednak na przestrzeni ostatniej dekady wszystko się zmieniło. To, w jaki sposób myślimy o sobie, jaką mamy samoocenę i to, kim się stajemy, uwarunkowane jest programowaniem nas przez naszych bliskich. Często nieumiejętne, może nawet bestialskie traktowanie, ogłupia nas i pozbawia wolnej woli, stajemy się niewolnikami własnych uprzedzeń, braku wiary w siebie i bardzo niskiej samooceny. Coś o tym wiem z własnego życia.

Teraz przedstawię doświadczenie, które zostało

przedstawione w 2016 roku na konferencji TED przez Moshe Szyf, który jest rewolucyjnym genetykiem z uniwersytetu McGill. Doświadczenie dotyczyło dwóch matek szczurów, które zajmowały się swoimi dziećmi. Jedna z matek była bardzo dobra i opiekuńcza, a druga wręcz przeciwnie — zła i zaniedbująca potomstwo. Jakie wywołało to implikacje, gdy dzieci dorosły? Dzieci, które wychowane zostały przez dobrą matkę, były bardziej zrelaksowane, okazywały mniej stresu i reprezentowały zdrowe zachowanie seksualne. Z kolei dzieci wychowane przez złą szczurzą matkę we wszystkich obszarach zachowywały się wręcz przeciwnie. Jeszcze do niedawna w świecie nauki uznano by, że za powstałą sytuację odpowiedzialne są geny przekazane przez rodziców dzieciom. Następnie do eksperymentu wprowadzono modyfikację: dzieci złej matki oddano dobrej matce i na odwrót. Gdy szczurze dzieci dorosły, okazało się, że sposób wychowania miał wpływ na znaczną liczbę szlaków chemicznych w mózgu, które uległy głębokiej zmianie, co z kolei wpłynęło na przeorganizowanie lub przeprogramowanie genomu, który spowodował, że dzieci od złej matki pod wpływem wychowania dobrej stały się zupełnie kimś innym.

Nic nie jest z góry ustalone, a to, jak traktujemy ludzi, dla których jesteśmy wzorcem, przede wszystkim kształtuje ich na poziomie molekularnym. Wszystko, co robiono względem nas i my robimy względem innych, ma wielkie znaczenie, ponieważ komunikacja to energia, która kształtuje nas na wielu poziomach rozwoju genetycznego, fizycznego, emocjonalnego czy intelektualnego.

Poczucie kontroli i bezpieczeństwa

Dale Carnegie w swojej książce „Jak zdobyć przyjaciół i zjednać sobie ludzi" przedstawił bardzo ciekawą perspektywę prowadzania dialogu z innym człowiekiem, którym może być każdy, a w tej sytuacji szczególnie nasze dziecko. Kiedyś jako dzieci i teraz jako dorośli bardzo nie lubimy, gdy ktoś nas ocenia i daje nam rady, o które wcale nie prosiliśmy, a następnie mówi nam, jak mamy robić, ponieważ według niego to jest najlepszy sposób. W biznesie taki sposób komunikacji zniszczył wiele firm. Pamiętacie firmę Kodak lub Nokia? No właśnie. Jednak taka komunikacja w życiu codziennym z naszymi przyjaciółmi, kolegami z pracy, szefami, kierownikami czy rodziną zwyczajnie ma niezwykłą moc niszczenia. A mianowicie to UP-Stream and Down-Stream Communications. W polskim znaczeniu to odgórna i oddolna komunikacja — którą Państwo lubią bardziej? No cóż, bardzo często doświadczamy odgórnej komunikacji, w której ktoś nam mówi, co mamy zrobić bez wcześniejszej konsultacji z nami. Oddolna komunikacja jest umiejętnością niezbyt często spotykaną, lecz niezwykle przyjazną i przyjemną w swej naturze. Powoduje, że pomysł, który chcemy przekazać naszemu dziecku, okazać się może jego własnym, co w dalszej perspektywie pozwolić może na efektowną zmianę zachowania. Za chwilę zaprezentowane to zostanie w konkretnych dialogach.

Wyobraźcie sobie, że Wasze dziecko mierzy się z uzależnieniem od Internetu lub papierosów. Co zrobić, by go z tego wyciągnąć? Z pewnością bezmyślne kary zaostrzą tylko sytuację, a wychowanie bezstresowe, którego wynikiem byłoby pozwolenie na robienie wszystkiego, na co młody człowiek ma ochotę, okazać się może równie zgubne. Również przez idiotyczne gadanie lub krzyki typu „tak nie wolno… jak będziesz tak robił, to nic nie osiągniesz… ja, gdy byłem w twoim wieku…” nie osiągniemy efektu. Zatem co robimy?

• Po pierwsze: zwracamy uwagę na nasze emocje, które warunkują naszą mowę ciała, a szczególnie ton głosu, który ma duże znaczenie w odbiorze informacji. Chcemy krzyczeć, oceniać czy rozmawiać? Wszystko to zostanie ujawniane w ton naszego głosu. Dail Carnagie sugeruje, że w bardzo empatyczny sposób należy ukazać dziecku konsekwencje tego, co może się wydarzyć w następstwie takich zachowań. Nie mów dziecku, co myślisz o jego zachowaniu, pozwól mu samemu dojść do konkluzji, która wzbudzi krytyczne myślenie i zmiany. Zamiast mówić, że granie przez cały dzień jest złe, doprowadź do wniosku, że taki sposób zachowania w przyszłości spowoduje, że nie osiągnie niezależności, że nie pozna ciekawych ludzi, że nie znajdzie swojej wymarzonej pracy, że być może ucierpi na tym jego zdrowie. Jednak by to zrobić, musimy znać marzenia i plany naszych dzieci, a jeśli ich nie mają, to naszą rolą jest je wzniecić. Poczucie straty jest nawet dziesięciokrotnie silniejsze niż poczucie zysku, więc należy o tym pamiętać w rozmowie z ludźmi i w umiejętny sposób wykorzystywać.

• **Po drugie:** spowoduj, by Twój pomysł na dobrą zmianę dla Twojego dziecka okazał się jego własnym pomysłem. Odpowiedni sposób prowadzenia dialogu jest kluczowy, ale aby to zrobić, musimy mieć pewne narzędzia i wiedzę, która pozwoli nam na umiejętne wyciągnięcie dziecka z głębokiego poślizgu na oblodzonej drodze. Jedną z takich umiejętności i metod są „Skalibrowane pytania", stworzone przez byłego negocjatora FBI Chrisa Voss, który stworzył genialną książkę pt. „Negocjuj, jak by od tego zależało twoje życie". Również w książce tej znajdziemy rewolucyjne podejście do słowa „NIE", którego tak bardzo się boimy. Wszystko do zostanie przedstawione w poniższym dialogu i omówione w dalszej części tej książki.

Przykładowe dialogi:

Oto jedna z sytuacji, jaka mi się przytrafiła, gdy byłem dzieckiem i raczej nie miałem na nią wielkiego wpływu. Mój ojciec od najmłodszych lat mojej egzystencji wgrywał mi do głowy tyle wirusów, ile się tylko dało. Bardzo często słyszałem z jego ust słowa takie, jak: „Do niczego się nie nadajesz... Nic dobrze nie potrafisz zrobić... Gdy ja byłem w twoim wieku, to byłem lepszy... Jesteś ogólnie idiotą, ale za to upartym idiotą... Kobiety należy traktować jak szmaty...Wszyscy ludzie to złodzieje i kłamcy... Nic w życiu nie osiągniesz..." i tak dalej i tak dalej. Otrzymałem wiele takich informacji od człowieka, który w tamtym momencie był moim wzorcem. Dla mnie skończyło się to dość tragicznie, ponieważ wykształciło we mnie ustalone poglądy, jak również bardzo niską samoocenę, która skutecznie pozwalała mi krzywdzić siebie i ludzi wokół mnie. Jednak gdy ja współpracuję z synem mojej dziewczyny, którego kocham jak swego, to staram się mówić do niego zgoła inaczej, ponieważ mam świadomość, że to najprostsza forma wychowania oraz jedna z najbardziej skutecznych. Na przykład gdy zachowanie Marcela naprawdę mnie denerwowało, bo trwonił czas na nowoczesne uzależnienia opisane wcześniej, nigdy mu nie mówiłem, że jeśli tak będzie robił, to do niczego nie dojdzie, bo takie stwierdzenia mają odwrotny skutek. Po pierwsze— „ogarnąłem" własne emocje, po drugie —pomyślałem, że każde słowo ma znaczenie i po trzecie— poczekałem na dogodny moment, by porozmawiać. Co powiedziałem do młodego człowieka, by wzbudzić jego ciekawość, potem zaangażowanie, wspólny szacunek i współpracę? Z pewnością nie zaczynałem od pustych ocen, lecz od pytań.

Dialog nr 1. Spokojny i rozpoznawczy.

Ja: Marcel, chciałbym z Tobą porozmawiać o czymś, co dla mnie i może dla ciebie powinno być istotne. Proszę, siadaj, młody człowieku. Jesteś osobą potrafiącą myśleć i czuć, prawda?

Marcel: Tak.

Ja: Obserwuję cię, ponieważ jesteś dla mnie ważny i zauważyłem coś, co mnie bardzo niepokoi. Czy interesuje cię co to jest?

Marcel: Tak.

Ja: Zauważyłem, że bardzo dużo czasu poświęcasz na gry komputerowe. Czasami jest to nawet kilka godzin dziennie. Chciałbym Cię zapytać, czy uważasz, że jest to dobre dla Ciebie?

Marcel: Ale o co tobie chodzi? Tutaj zaczyna się dziać coś bardzo ciekawego, ponieważ jesteśmy w stanie rozpocząć dialog, bo młody człowiek zadał pytanie. A gdy ktoś pyta, to warto słuchać i odpowiedzieć z sercem i pełnym zaangażowaniem.

Ja: Ok. powiem Tobie o co mi chodzi, ale najpierw powtórzę, że uważam Cibie za bardzo inteligentnego człowieka, do tego niezwykle sympatycznego, który może w życiu osiągnąć bardzo dużo. Chciałbym wiedzieć, czy chcesz być szczęśliwym człowiekiem?

Marcel: Jasne, że chcę.

Ja: A więc mój drogi przyjacielu, co Ty na to byśmy porozmawiali o tym jak to zrobić?

Marcel: Jasne.

Ja: Mam pytanie, Marcel: jak myślisz, czy spędzanie 5 godzin dziennie na graniu pozwoli Ci stać się kimś wyjątkowym, kimś szczęśliwym?

Co tu się dzieje: nie oceniam 13-letniego chłopaka tylko zadaję mu pytanie, co myśli o tej sytuacji i czy jest ona dla niego korzystna. W końcowej fazie naszej rozmowy poprosiłbym go o radę, co możemy zrobić by zmienić ten stan rzeczy, a jeśli nie ma pomysłu, to czy mogę zasugerować jakieś rozwiązanie. Taki styl rozmowy pozwala na przeniesienie odpowiedzialności na młodego człowieka. To młody człowiek stara się zweryfikować swoje zachowanie i tak naprawdę szuka rozwiązań, których jest twórcą. Zastosowany styl rozmowy zapewnia, że wiele usłyszymy, a nasz rozmówca będzie czuł się w kontroli, będzie czuł się obdarzony szacunkiem i zaangażowaniem. To są pozytywne doznania, które kształtują wysoki poziom własnej samooceny, ale również uczą tego, czym jest komunikacja i jak genialnie może działać.

Marcel teraz ma 14 lat, ćwiczy ze mną boks, chodzi na siłownię, angażuje się w naukę, interesuje się zdrową dietą i chodzi na zajęcia tenisa stołowego. Jestem z niego i z siebie dumny, że z chłopaka, który niszczył najważniejszy moment swojego życia, jedząc śmieciowe jedzenie, grając, oglądając platformy streamingowe i TikToka, co zajmowało mu nawet 12 godzin dziennie, stał się zupełnie kimś innym. Uwielbiam go wspierać w tym co robi i jak się teraz zachowuje. Uwielbiam mówić do niego, że będzie wielkim człowiekiem, że wszystko co piękne jest trudne. On już rozumie o co chodzi — że aby móc szanować innych ludzi, przede wszystkim trzeba szanować siebie, że daleko zajdzie, że jest w stanie osiągnąć każdy cel, a my mu w tym pomożemy.

Jednak powyższy dialog to za mało. Dlaczego? Ponieważ każdy rodzic czy opiekun jest inny pod względem siły charakteru, asertywności czy umiejętności wzbudzenia uwagi. Tak, jak powiedziałem wcześniej, zawsze ponosimy konsekwencje tego, jak traktujemy ludzi, a szczególnie tych nam bliskich. Jeśli dotarliście do momentu, że czujecie się tak, jak byście starali się zapanować nad rozszalałym pojazdem, który pędzi po oblodzonej drodze, to znaczy, że znajdujecie się w sytuacji krytycznej. By to naświetlić, podam przykłady z życia, gdy po szkoleniu podchodzą do mnie matki i często ze łzami w oczach mówią, że nie dają rady i nie wiedzą, co robić. Nie wiedzą, jak powstrzymać swoje dzieci od wulgarnego, agresywnego zachowania. Zachowanie to kierowane jest do rodziców, rodzeństwa czy znajomych. Są to również zachowania autodestrukcyjne, bardzo często wyrażone w próbie samookaleczenia. Rodzice mówią mi, że nie wiedzą, co robić, że próbowali wszystkiego, ale dzieci po prostu nie słuchają. Ja pytam „a ile dzieci mają lat?" Zazwyczaj jest to wiek 12 lub 13 lat. Prawie już zrezygnowani rodzice pytają mnie, co zrobić, ponieważ mi się udało. Tak, mi się udało, ale nie chodzi tylko o wiedzę, jaką posiadam, ale przede wszystkim o to, jaką siłę przebicia posiadam, wyrażoną w konsekwentnym działaniu, adekwatnej samoocenie czy sile charakteru. Jeśli nie rozumiesz tych umiejętności lub ich nie posiadasz, nieważne, jaką będziesz miał wiedzę i jakie techniki zastosujesz, to i tak nie będziesz w stanie zmienić zachowania swoich dzieci i finalnie wychowasz własnego kata. Jednak ważne jest, że każdy może takie umiejętności wykształcić — o tym powiem w dalszej części książki.

Dialog nr 2. Asertywność i konsekwencje

Dialog, który zaprezentowałem powyżej, to próba rozpoznania, z kim i czym mamy do czynienia. Myślicie, że załatwiłem wszystko jedną rozmową? O nie, tak nie było. W pierwszych rozmowach wyczułem, że mam do czynienia z bardzo nieumiejętnie zachowującym się młodzieńcem, który sprawiał wrażenia znudzonego, a wszystko o czym mówiłem miał gdzieś. Jak często można się spotkać z takim nastawieniem? Mówi się o „bezstresowym wychowaniu" — o większej głupocie nie słyszałem. Nie uważam, że należy stresować dzieci, bo to nic przyjemnego i ma raczej odwrotny skutek do zamierzonego. Jednak czasami trzeba zaakcentować swój punkt widzenia *oraz* zwrócić uwagę na konsekwencje, które się pojawią, jeśli sytuacja się nie zmieni. Jednak by to zrobić, potrzebna jest pewna doza umiarkowanej asertywności, której zadaniem ma być wzbudzenie refleksji w dziecku, refleksji, czasem kojarzącej się ze stresem. Ja uważam, że umiarkowana ilość konsekwencji oraz asertywnego podejścia, która może podnieść poziom zaangażowania, buntu czy nawet stresu, jednak przede wszystkim refleksji, jest niezbędna.

W dialogu „Asertywność i konsekwencje" ponownie należy zwrócić uwagę na balans emocjonalny. Kontroluj swoje emocje, kontroluj swoją mowę ciała i ton głosu, która ma pokazać zdecydowanie oraz zaangażowanie.

Ja: Witaj młody człowieku, mam wrażenie, że nasza ostatnia rozmowa nie przyniosła zbyt wielu rezultatów.

Marcel opryskliwym tonem: Ale o co Tobie chodzi?

Ja: Już wyjaśniam, o co mi chodzi, ale nim to zrobię proszę, usiądź i również zwracaj uwagę na ton głosu jakim do mnie mówisz, ponieważ mówisz do mnie jak bym był jakimś śmieciem. Czy jestem dla ciebie śmieciem? (pytam stanowczo)

Marcel: Nie, nie jesteś.

Ja: To czy możesz mi wyjaśnić, dlaczego do mnie się tak odzywasz?

Marcel: (Cisza, nic nie mówi, refleksja i konsekwencje).

Ja: To ja Ci postaram się wyjaśnić jeśli nie masz nic przeciwko ? (Pytam uprzejmie lecz również stanowczo).

Marcel: Ok. wyjaśnij. (Mówi tonem wyrażającym zainteresowanie).

Ja: Ponieważ masz problem ze zrozumieniem moich uczuć i tak naprawdę chyba troszeczkę źle interpretujesz moje zachowanie względem Ciebie. Jak myślisz, dlaczego z Tobą rozmawiam, dlaczego chcę byś zmienił swoje zachowanie i zaczął interesować się rozwojem i inwestycją w siebie? Ponieważ mi na Tobie nie zależy, ponieważ się czepiam, ponieważ nie mam nic innego do roboty? Jak myślisz, proszę, pomóż mi zrozumieć?

Marcel: Nie wiem.

Ja: Staram się pomóc, bo mi na Tobie zależy, bo widzę, że krzywdzisz siebie i swoją mamę, którą podobno bardzo kochasz. A finalnie wszyscy poniesiemy tego konsekwencje. Chcesz wiedzieć jakie?

Marcel: Tak.

Ja: Masz już 13 lat, jest to bardzo ważny moment w Twoim życiu, który trwonisz na uzależnienia. Niszczysz swoje ciało Marcel, bo mając 13 lat masz już nadwagę. Nie potrafisz okazać uczuć ludziom, którzy Cię kochają i emocjonalnie szantażujesz mamę. A za wszystkie Twoje niepowodzenia winę spychasz na innych. Marcel, cofasz się emocjonalnie, psychicznie i fizycznie. Czy wiesz, co się stanie, jeśli nie zmienisz swojego zachowania? Zastanów się głęboko i proszę, odpowiedz mi. (Przez cały czas mówię stanowczo).

Marcel: Nie wiem.

Ja: To pozwól, że Ci powiem. Już niebawem będziesz dorosły, to raptem 5 lat. Czy jako osoba dorosła chcesz mieszkać z mamą, chcesz być niezaradny życiowo, chcesz być traktowany bez szacunku? Marcel, co Ty myślisz, że nagle wejdziesz w nowy etap swojego życia i tak po prostu wszystko dostaniesz, bo jesteś dorosły? Nie, prawda jest inna, nie będziesz miał przyjaciół, nie będziesz miał zdrowia, nie będziesz miał umiejętności, nie będziesz umiał się komunikować z ludźmi, po prostu będziesz nikim. Czy tego chcesz?

Marcel konkretnie: Nie chcę!

Ja: Ja też tego nie chcę, ponieważ Cię kocham i chcę pomóc Tobie stać się kimś wyjątkowym, kimś, kto będzie w stanie zadbać o siebie i swoją mamę. Czy chciałbyś kiedyś zadbać o swoją mamę, zrobić dla niej coś wyjątkowego?

Marcel: No jasne.

Ja: Co Ty na to, byśmy spróbowali zainteresować Cię sportem, byśmy spróbowali ograniczyć komputer? Co Ty na to, byśmy zaczęli współpracować? Marcel, nie jestem twoim ojcem i nigdy nim nie będę, ponieważ nie wiem co znaczy to określenie. Ale chcę być Twoim przyjacielem, który pomoże Ci w każdej sytuacji, jednak łatwo nie będzie, Młody, ponieważ wszystko co piękne jest również trudne. Ale do tego dojdziemy. Czy mogę poprosić Cię o pomoc? (już mniej stanowczy ton)

Marcel: Tak.

Ja: Proszę Cię, pomyśl dzisiaj o wszystkim o czym rozmawialiśmy i proszę zaproponuj rozwiązania, co możemy zrobić byś ograniczył telefon i granie. Proszę, pomyśl o sporcie, który Cię interesuje a my Ci we wszystkim pomożemy. Jedyne, o co Cię proszę, to abyś nam pomógł rozwiązać ten problem. Będę Ci mega wdzięczny. To co, jutro rozmawiamy?

Marcel: Tak.

Ja: Ale proszę potraktuj to poważnie, ponieważ ja Ciebie tak traktuję.[2]

Marcel: Ok.

Powyższy dialog był naładowany emocjonalnie, ale taki miał być, oczywiście wszystko kontrolowałem. Młody człowiek miał ponieść konsekwencje opryskliwej i nieumiejętnej komunikacji. Następnie miał zrozumieć konsekwencje tego, co może nadejść i jakie krzywdy wyrządzić. Na końcu poprosiłem chłopaka, by się zastanowił i sam poszukał rozwiązań, w których my mu pomożemy.

To, co wydarzyło się w dialogu powyżej, wytłumaczę w następnym rozdziale, którego celem będzie omówienie sposobu przeprowadzenia trudnych negocjacji z dzieckiem.

ROZDZIAŁ 5

TAKTYCZNA EMPATIA

Na początku tego rozdziału chciałbym Was zaprosić do kształcenia się w podnoszeniu Waszych umiejętności, dotyczących balansu emocjonalnego, negocjacji i psychologii w komunikacji. Mam wrażenie, że oglądanie krótkich publikacji na Tik Toku, których głównym celem jest autopromocja ludzi dających bardzo powierzchowne wskazówki, może raczej zaszkodzić niż pomóc. W to miejsce polecę kilka publikacji, z którymi warto się zapoznać. Będzie to bardziej czasochłonne, lecz z pewnością również bardziej skuteczne. Omówmy, czym jest taktyczna empatia i dlaczego warto ją stosować. Zaczniemy od pytań.

<u>Ważne pytanie nr 1.</u> *Jakie znaczenie ma dla CIEBIE słowo „NIE"?*

Proszę, zastanówcie się, co oznacza dla Was słowo „NIE". Czy lubicie słyszeć odpowiedź „NIE"? Gdy prowadzę warsztaty czy szkolenia na temat komunikacji, często zadaję to pytanie i odpowiedzi, które padają, są bardzo intuicyjne, stereotypowe i powierzchowne: słyszę, że ktoś z kimś się nie zgadza, że ktoś ma inne zdanie lub że ktoś zaprzecza. Kiedyś miałem taką samą definicję słowa „NIE" i wiecie co? Sprawiało to, że nie do końca rozumiałem innych ludzi, zbyt szybko ich oceniałem, no i konflikt często był nieunikniony. Zatem co znaczy tak naprawdę słowo „NIE"?

Genialna książka Chrisa Voss ma tytuł „Negocjuj tak, jakby zależało od tego twoje życie" i w przypadku wychowania dzieci w tych czasach chyba nie mógłby być bardziej trafny. Przyjrzyjmy się zatem, co oznacza „NIE" w negocjacjach i empatycznej komunikacji.

Głębsza definicja słowa „NIE".

- Nie jestem jeszcze gotów się zgodzić.
- Sprawiasz, że czuję się nieswojo.
- Nie rozumiem.
- Chyba nie stać mnie na to.
- Chcę czegoś innego.
- Potrzebuję więcej informacji.
- Chcę o tym porozmawiać z kimś innym.

Powyższe przykłady dla mnie były szokujące, oczywiście w pozytywnym znaczeniu tego słowa, ponieważ zmieniło to moje postrzeganie zachowań i emocji innych ludzi. Słowo NIE przestało być dla mnie afrontem lub brakiem zrozumienia drugiej osoby. Teraz to był sygnał i znak, że mogę ustosunkować się do potrzeb drugiej osoby, zadać odpowiednie pytania i przede wszystkim zachować balans emocjonalny, tak ważny w komunikacji z ludźmi. Często i za wszelką cenę dążymy ku temu, by ludzie odpowiadali nam TAK. Równie tak samo często w komunikacji z pracownikami, partnerami, a szczególnie dziećmi słyszymy odpowiedź TAK, lecz nic się nie zmienia. Dlaczego tak się dzieje? Zasadniczo Chris Voss wyjaśnia to w niezwykle elegancki i prosty sposób. Otóż istnieją dwa zasadnicze rodzaje słowa TAK. Pierwszy rodzaj TAK to innymi słowy „odczep się i tak zrobię po swojemu". Drugi rodzaj to prawdziwe TAK, w którym osiągnęliśmy porozumienie, a osoba, z którą negocjowaliśmy, naprawdę dostrzegła sens i zaangażowanie w tym, co staraliśmy się jej przekazać. Jeśli jeszcze bardziej chcielibyście osiągnąć porozumienie z drugą osobą, to dążcie w konwersacji do uzyskania odpowiedź „to, co mówisz, ma sens", „to, co mówisz, jest interesujące" lub „uważam, że możesz mieć rację". Jeśli dążycie do uzyskania bezdusznego TAK, z pewnością poczujecie ulgę i zadowolenie, lecz tylko na chwilę, ponieważ problem z pewnością wróci. Teraz skupimy się na tym, czym jest balans emocjonalny i kontrola naszych emocji.

Ważne pytanie nr 2.Czy ważne jest dla Ciebie, jak czujesz się w otoczeniu innych ludzi?

To pytanie było inspiracją do napisania mojej książki Are You Really Communicating? Zawsze, gdy zadawałem to pytanie, ludzie natychmiast odpowiadają „tak, to jest bardzo ważne". Dla mnie też kiedyś to było bardzo ważne, jednak gdy zadamy sobie pytanie, czy celem innych ludzi jest dbanie o nasz komfort psychiczny, to odpowiedź będzie raczej przecząca. No cóż, ilu takich ludzi jest w Waszym otoczeniu? Dla mnie reguły gry się zmieniły i najważniejsze jest to, jak ludzie czują się ze mną. Zwracanie bardziej uwagi na to, co dajemy innym ludziom swoim zachowaniem oraz umiejętne interpretowanie zachowania innych ludzi wobec nas pozwala na empatyczną komunikację, która jest w stanie zachęcić innych do zmian. Wystawianie swojego samopoczucia i emocji na łaskę innych ludzi jest jak sądzenie, że sztorm na morzu uspokoi się, ponieważ my sobie tego życzymy. Dlaczego o tym piszę? Kontakt z ludźmi, a szczególnie tymi bliskimi naszemu sercu, może wywołać wiele emocji, a emocje z kolei pozbawiają nas kontroli. Gdy jesteśmy pozbawieni kontroli, możemy zrobić lub powiedzieć wiele rzeczy, których będziemy głęboko żałować. Agresja, głupota, krzyk i totalitaryzm w kształtowaniu młodych ludzi z pewnością nie pomoże.

Powyżej omawialiśmy nowe znaczenia słonawie „NIE". Cofnij się w czasie i pomyśl o rozmowie, dyskusji z przyjacielem lub rodziną, kiedy to zanegowanie Twojego punktu widzenia lub racji spowodowało konflikt. Tak, to jedna z sytuacji, kiedy nieświadomie uzależniasz swoje samopoczucie od innych ludzi. Następnie wyobraź sobie, że jesteś świadom i nie chcesz, by inni ludzie bardziej lub mniej świadomie manipulowali Twoim zachowaniem. Teraz jest ważne dla Ciebie, jak inni czują się z Tobą — co pomoże Ci w zachowaniu takiej postawy?

Tak naprawdę już w pewnym stopniu odpowiedzieliśmy na to pytanie. Po pierwsze — pomoże Ci edukacja oraz inwestycje w siebie. Samo zrozumienie głębszej idei tego, czym może być słowo NIE w ustach ludzi, z którymi rozmawiasz, może Ci pozwolić na zachowanie balansu emocjonalnego i postrzeganie Twojego rozmówcy z zupełnie nowej perspektywy. Zamiast natychmiast oceniać i popadać w skrajne emocje, będziesz w stanie wyzwolić w sobie zainteresowanie opinią drugiego człowieka, zastanowić się nad tym, jaki Twój rozmówca ma cel, nazwać jego emocje w odpowiedni sposób, a przede wszystkim pozwoli to Tobie zachować balans emocjonalny. Pogłębienie wiedzy, chociażby na temat głębszego znaczenia słów i zdanie sobie sprawy z tego, że każdy widzi rzeczywistość na swój unikalny sposób, pozwoli Ci rozwinąć inteligencję emocjonalną niezbędną w komunikacji.

<u>Ważne pytanie nr 3.</u>*Czy ciało kontroluje umysł, czy też umysł kontroluje ciało?*

To pytanie również często pada podczas moich spotkań z ludźmi i w większości odpowiedzi jasno stwierdza się, że umysł kontroluje ciało. I tak z pełnością jest, jeśli umiemy kontrolować nasze emocje. Mam dla Was proste zadanie: proszę, zróbcie to teraz czytając książkę, a mianowicie wyrzućcie dynamicznie ręce w górę i w tym samym czasie w spokojny sposób powiedźcie „Jestem spokojny". To jest wręcz niemożliwe. Ten prosty eksperyment pokazuje coś bardzo ciekawego, otóż w niektórych przypadkach to ciało przejmuje kontrolę nad umysłem. By nadać temu głębszą perspektywę, wyobraźcie sobie sytuację, której z pewnością doświadczyliście, mianowicie widzicie agresywnie zachowującego się człowieka i prosicie, by się uspokoił, ale on z całą stanowczością komunikuje, że jest spokojny. Oczywiście człowiek ten głęboko w to wierzy. To kolejny przykład, kiedy ciało przejmuje kontrolę nad umysłem, a to może być bardzo zgubne w skutkach. Co zrobić, by to zmienić? Przede wszystkim ogarnąć emocje, zrobić emocjonalny krok wstecz i zwrócić uwagę na mowę naszego ciała. Jeśli zaczynamy się stawać impulsywni, niech nasze własne ciało będzie nam dyrygentem. Spójrzmy na swoje ręce, nadajmy nimi tempo tego, jak myślimy i jak mówimy, zwróćmy uwagę na barwę naszego głosu, oddech, zastanówmy się czy my chcemy kontrolować sytuację, czy sytuacja będzie kontrolowała nas a następnie wróćmy do rozmowy pełni opanowania i świadomi tego co się dzieje.

Następnym bardzo przydatnym narzędziem w komunikowaniu się z naszymi dziećmi oraz zachowaniu balansu emocjonalnego jest świadomość i wiedza o tym, jak nasz mózg interpretuje i reaguje na rzeczywistość. Tu przytoczę niezaprzeczalny autorytet świata nauki Daniela Kahnemana, który za swoją książkę „Pułapki myślenia" otrzymał Nagrodę Nobla. Daniel Kahneman na przestrzeni lat wypełnionych praktyką oraz badaniami naukowymi stworzył niezwykle prosty i elegancki model tego jak reagujemy, jak oceniamy zdarzenia i ludzi wokół nas. W książce zostały opisane dwa systemy, system 1. = 95% i system 2. = 5%. System 1. jest bardzo nieświadomy, asocjacyjny, szybki oraz automatyczny. Z kolei system 2. jest absolutnym przeciwieństwem systemu 1. i wyrażony jest w słowach wolny, logiczny, leniwy, wymagający wysiłku.

By zwizualizować działanie tych systemów, proszę pomyśleć, jak reagujecie, gdy widzicie kogoś po raz pierwszy . 99,9% z nas natychmiast ocenia drugą osobę, czego wynikiem są skrajności takie, jak akceptuję — nie akceptuję, kocham — nienawidzę, głupi — mądry. Jak często zdarza się, że nie mając żadnych podstaw ku temu, by niewłaściwie oceniać ludzi, robimy to? W większości sytuacji nasz mózg czuje a nie myśli na temat tego, z czym lub z kim mamy do czynienia. Większość decyzji, które podejmujemy w życiu, oparte są o emocje które pozbawiają nas kontroli i powodują wiele szkód. Oczywiście system 1. który wypełnia 95% naszego życia, jest niezbędny do radzenia sobie z codziennym życiem. Nagłe i szybkie podejmowanie decyzji ratuje nam często życie. Proszę, wyobraźcie sobie, że przykuwając zbytnią uwagę do telefonu, nagle stoicie na środku drogi, a w Waszym kierunku zbliża się rozpędzone auto. Wasza decyzja będzie automatyczna, natychmiastowa i bardzo nieświadoma, zadziałamy szybko, by ratować swoje życie. Zatem prostota działania systemu 1. w swej naturze jest genialna i niezbędna, jednak czy każda sytuacja w naszym życiu jest sytuacją życia i śmierci? Dlaczego więc, gdy znajdujemy się w środowisku i sytuacjach, które nie wymagają natychmiastowej reakcji, reagujemy błyskawicznie? Odpowiedź jest dość prosta: ponieważ nasz mózg jest bardzo leniwy, a mamy nieodpartą chęć kontrolowania ludzi i sytuacji. Jednak gdy komunikujemy się z ludźmi, a szczególnie z naszymi dziećmi, to czy system 1. spełnia swoją rolę? Z pewnością nie. Posługując się systemem 1. w relacjach z innymi ludźmi, możemy ich skrzywdzić, a tym samym możemy skrzywdzić siebie.

Przejdźmy z kolei do systemu 2., którego aktywacja wymaga świadomości i wysiłku. Wyobraźcie sobie, że prowadzicie trudną rozmowę z Waszym dzieckiem, w której pojawia się dużo emocji, np. zauważyliście, że dziecko spędza połowę swojego życia na graniu lub pali papierosy. W jednej chwili przystępujemy do akcji mówiąc co o tym myślimy, jak my byśmy się zachowali oraz wymierzamy kary. Ponieważ kochamy nasze dzieci, w relacjach z nimi pojawia się bardzo dużo emocji, jednak emocje te zamiast dawać nam kontrolę, całkowicie nas jej pozbawiają. Działając w ten sposób być może uzyskamy akceptację naszego dziecka, które powie fałszywe „tak", być może poczujemy wtedy satysfakcję, jednak czy będzie to miało długotrwały efekt? Gdy znajdziemy się w takiej sytuacji, czy nie warto uruchomić system 2. i zastanowić się, co jest przyczyną takiego stanu rzeczy? Może zamiast błyskawicznie spychać winę na wszystko i wszystkich, skierujmy swój sokoli wzrok na siebie i zastanówmy się, co doprowadziło do tej sytuacji, co jest motywacją takiego zachowania i w jaki sposób z korzyścią dla obu stron można rozwiązać ten problem.

Ilustracja 6. System pierwszy polega na szybkich decyzjach i impulsywności, przy czym system drugi opiera się na spokoju i skrupulatnym przemyśleniu swoich słów oraz decyzji.

Sama świadomość systemu 1. i 2. daje nam niepowtarzalną możliwość zachowania balansu emocjonalnego w trudnych sytuacjach. Nie reagujmy za każdym razem pod wpływem emocji, posłużmy się zdrowym rozsądkiem i zrozumieniem sytuacji, spójrzmy na świat z perspektywy drugiego człowieka i zastanówmy się, co zrobić, by rozwiązać problem, a nie eskalować go. Aby jeszcze bardziej ułatwić rozumienie i wizualizować działanie tych dwóch systemów, posłużymy się dwoma kalkulacjami. Ile jest 2+2? Oczywiście odpowiedź przyszła natychmiast, nikt nie wykonał żadnej kalkulacji, po prostu wiedzieliśmy, co w doskonały sposób ujmuje działanie systemu 1. A teraz następna kalkulacja: 17x14? Oczywiście znajdziemy wynik tej kalkulacji, jednak zabierze nam to więcej czasu, świadomości i wysiłku. Następnym razem może warto pomyśleć nad wynikiem, szczególnie gdy mamy do czynienia z młodymi i zagubionymi ludźmi.

Gdy już znamy głębszą i ciekawszą interpretację słowa NIE i gdy połączymy to z wiedzą na temat tego, jak nasz mózg interpretuje i reaguje na rzeczywistość, biorąc pod uwagę działanie systemów 1. i 2. oraz gdy zrozumiemy, jak nasza mowa ciała wpływa na nasz stan emocjonalny i umiejętności komunikowania się z ludźmi, to perspektywa tego, co możemy osiągnąć w relacjach z naszym dzieckiem, może się diametralnie zmienić.

Jednak to nie wszystko. W następnym rozdziale omówimy wiedzę, stworzoną przez Erica Berna, który napisał niezwykłą książkę pt. „W co grają ludzie". Wiedza zawarta w tej książce pozwoliła mi w dużo łatwiejszy sposób kontrolować swoje emocje, a przede wszystkim zacząłem rozumieć dotąd niezrozumiałe zachowania innych ludzi wobec mnie, co jest bardzo przydatne w komunikacji, a szczególnie w pełnieniu roli rodzica.

ROZDZIAŁ 6

W CO GRAJĄ LUDZIE?

Książka napisana przez Ericka Berne pod tytułem „W co grają ludzie?" powinna być obowiązkową lekturą każdego rodzica, jak również każdego dziecka na późniejszym etapie edukacji. Załóżmy, że wiek 15 lat pozwalałby na efektywną interakcję z książką. Książka ta w niezwykle przystępny i dogłębny sposób uświadamia, jak ważne są relacje z ludźmi i jak często, w sposób mniej lub bardziej świadomy, jesteśmy manipulowani lub manipulujemy innymi. W tym rozdziale nie skupię się na szerokiej analizie książki, lecz przede wszystkim na najistotniejszej oraz łatwej w stosowaniu wiedzy, która pozwoli zrozumieć wiele dotąd trudnych i niezrozumiałych sytuacji.

Zacznijmy od przykładowego dialogu, którego byłem świadkiem, a bez przeczytania tej książki nie byłbym w stanie zrozumieć sytuacji i zareagować w odpowiedni sposób. Ten dialog to fragment rzeczywistości, która wydarzyła się w naszym domu, w momencie gdy zaobserwowałem, że Marcel, syn mojej partnerki, znajduje się w trudnej sytuacji, którą było uzależnienie. Gdy pojawiłem się w życiu Marcela, miał 12 lat, jego życie wypełniane było niezdrowym jedzeniem, TikTokiem oraz grami komputerowymi, a na wszystkie te aktywności poświęcał większość swojego najważniejszego momentu w życiu. Skutkowało to brakiem komunikacji, otyłością oraz degradacją emocjonalną, fizyczną i psychiczną. No cóż, nie trzeba mieć wielkiej wyobraźni, by zdać sobie sprawę, jakie konsekwencje przyniosłoby takie zachowanie w następnych latach. Jednak tu chcę nadmienić, że mama Marcela kochała i kocha swego syna ponad miarę i swoim wcześniejszym zachowaniem chciała mu zapewnić komfort, miłość, wyrozumiałość, zrozumienie, akceptację i wszystko, co tylko możliwe, by uczynić swego syna szczęśliwym. To pewien paradoks, że robimy z miłości wszystko dla naszego dziecka, co sprawia mu przyjemność i frajdę, ale taki rodzaj okazywania uczuć może finalnie mieć odwrotny skutek. Szczególnie dla dziecka, które w procesie niepowstrzymanych zmian, wchodząc w nowe etapy swojego życia, doświadczyć może odrzucenia, chorób, braku silnej woli, braku akceptacji społecznej czy braku umiejętności radzenia sobie w życiu. Konsekwencje mogą być bardzo poważne. Gdy więc zaobserwowałem, że dzieje się coś niepokojącego, postanowiłem wspólnie z partnerką zawalczyć o przyszłość młodego człowieka. Jednak nie było to takie proste, ponieważ nastawienie mojej partnerki do zmian było bardzo negatywne ze względu na to, że moje intencje oraz plany były bardzo niespójne z jej wizją. Zatem przede wszystkim na początku musiałem znaleźć wspólny grunt i porozumienie z moją partnerką, co absolutnie nie było proste. Jednak lektura, którą niebawem omówimy, bardzo mi w tym pomogła.

Gdy wspólnie już uznaliśmy, że należy pomóc Marcelowi, ustaliliśmy, że bardzo korzystnym rozwiązaniem będzie zainteresowanie młodego człowieka sportem. Mama zaczęła rozmawiać z synem na temat potencjalnych rozwiązań.

Dialog mamy z synem.

Mama: Marcel mamy dla Ciebie propozycję.

Marcel: Jaką?

Mama: Ponieważ zauważyliśmy, że bardzo dużo czasu spędzasz w swoim pokoju, chcielibyśmy abyś spróbował zainteresować się sportem, który Tobie odpowiada. A z tego, co wiem na podstawie wcześniejszych rozmów, chciałeś zapisać się na zajęcia tenisa stołowego,czy tak?

Marcel: Tak.

Mama: Więc kiedy możemy zacząć?

Marcel: Teraz nie bardzo mam czas.

Mama: A może sprawdzimy w Internecie kluby?

Marcel: Może jutro, bo teraz jestem umówiony na granie z kolegami.

Mama: A czy jutro możesz sam sprawdzić miejsca gdzie mógłbyś ćwiczyć?

Marcel: Ale nie wiem, jak to sprawdzić.

Mama: Sprawdź w Internecie.

Marcel: Ale ja nigdy tego nie robiłem.

Mama: Zatem ja sprawdzę i w środę pojedziemy.

Marcel: Nie wiem, czy w środę będę mógł.

I tak dalej i tak dalej...

Analiza

Czy kiedyś zdarzyła się Wam taka sytuacja? To mogło być Wasze dziecko, rodzina lub przyjaciel. Ktoś przychodzi do Was po radę i nieważne, ile rad, opcji i możliwości przedstawiacie tej osobie, to i tak wszystkie odrzuca. To właśnie robił Marcel. Gdy przysłuchiwałem się z boku tej rozmowie, na szczęście miałem pełną jasność tego, co się dzieje. Erik Berne w swojej książce opisał trzy stany ego, które dotyczą każdego z nas. Te trzy stany ego to rodzic, dorosły i dziecko —- można je zobaczyć na poniższej grafice.

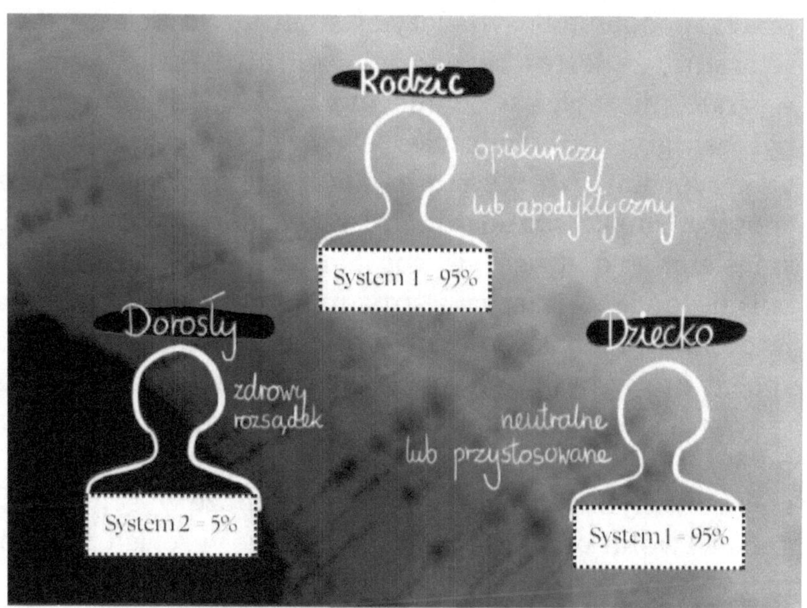

Ilustracja 7. Świadomość istnienia różnych rodzajów ego umożliwia lepszą ocenę sytuacji. Dzięki temu również wiemy, jak rozmawiać z daną osobą.

Krótko opiszę, czym charakteryzuje się każdy z rodzajów ego.

Rodzic: Może być opiekuńczy lub apodyktyczny, stan ego wypełniany jest stanami emocjonalnymi, głównie operuje w systemie 1. = 95%

Dorosły: To stan ego pozbawiony emocji, wypełniany zdrowym rozsądkiem, głównie operuje w systemie 2. = 5%

Dziecko: Może być dziecko neutralne i przystosowane, stan ego wypełniony emocjami, głównie operuje w systemie 1. = 95%

Omówmy to, co wydarzyło się w rozmowie pomiędzy mamą a Marcelem. Mama znajdowała się w stanie ego opiekuńczego rodzica, który w sposób bardzo empatyczny daje rady swojemu dziecku. Marcel był w stanie ego dziecka przystosowanego (rozkapryszonego), które odrzuca każdą daną mu radę. Jeśli znalazłeś się w takiej sytuacji, na końcu rozmowy prawdopodobnie doświadczyłeś smutku, uczucia bezradności i wrażenia, że jesteś beznadziejnym rodzicem. Z kolei dziecko wygrało, nie byłeś w stanie mu pomóc, jednak taki właśnie był cel gry. Doświadczyłeś szantażu emocjonalnego, który w przypadku dziecka stosowany jest raczej w nieświadomy sposób, jednak skutki dla troskliwego rodzica są trudne do zniesienia. Tu dzieje się coś bardzo ciekawego. Erick Berne opisuje dwie płaszczyzny zrozumienia takiej komunikacji — jest to płaszczyzna społeczna i psychologiczna. Na płaszczyźnie społecznej wszystko wygląda idealnie, troskliwa matka daje rady swojemu dziecku. Z kolei na płaszczyźnie psychologicznej mamy do czynienia z wyżej opisanym szantażem emocjonalnym. I taki rodzaj interakcji może wystąpić pomiędzy Tobą i Twoim przyjacielem lub w pracy, w relacji z szefem, tak naprawdę wszędzie.

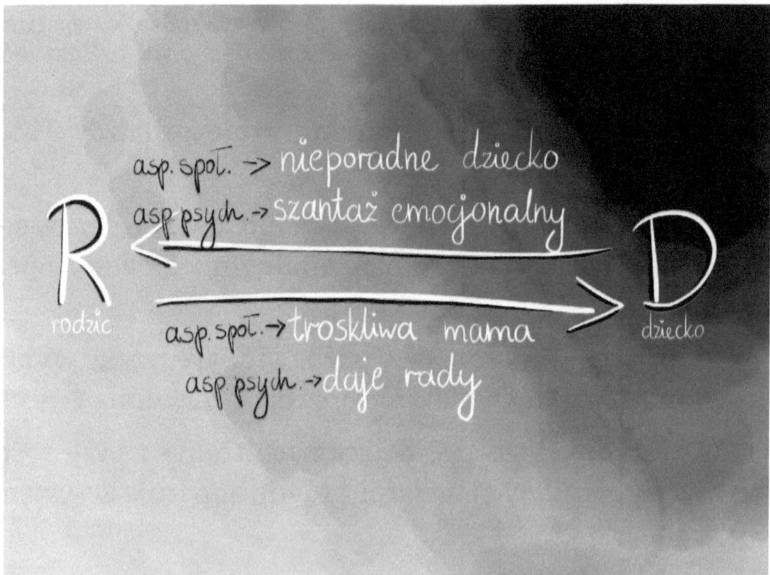

Ilustracja 8. To, co widać w aspekcie społecznym, nie zawsze pokrywa się z aspektem psychologicznym, na co trzeba zwracać szczególną uwagę w komunikacji z młodzieżą.

Gdy dostrzegłem, co dzieje się w tej rozmowie, wiedziałem, jak zareagować, jak rozmawiać z moją partnerką, by wyjaśnić jej, co właściwie się wydarzyło i dlaczego tak się czuje. Sama świadomość tego, co zaszło oraz zinterpretowanie tego w umiejętny sposób pozwoliło nam zapanować nad emocjami i zyskać prawdziwą kontrolę. Gdy wyjaśniłem Martynie, co się wydarzyło, uspokoiła się i postanowiliśmy, że ponownie przeprowadzimy rozmowę, którą ja zainicjuję oraz będę prowadził. Oczywiście rozmowa nie odbyła się w ten sam dzień, ponieważ najważniejsze to działać bez emocji.

Dialog Tomka z Marcelem

Ja: Marcel, jestem Twoim przyjacielem i chcę z Tobą porozmawiać, ponieważ bardzo Cię lubię i szanuję, jesteś mi bardzo bliski. A gdy widzę, że bliska mi osoba trwoni swoje życie, to zrobię wszystko, by je uratować, czy mnie rozumiesz? (stanowczy głos)

Marcel: Tak, rozumiem.

Ja: Gdy ostatnio rozmawiałeś z mamą, zauważyłem, że odrzuciłeś każdą radę, którą Ci dała. Czy możesz mi powiedzieć dlaczego?

Marcel: No powiedziałem.

Ja: A więc młody człowieku teraz mnie wysłuchaj. Powiem Ci coś, ponieważ jesteś dla mnie ważny. Zachowujesz się w sposób niedopuszczalny i bardzo niebezpieczny, zachowujesz się jak osoba uzależniona, która krzywdzi siebie i swoich bliskich. Masz 13 lat, potrafisz doskonale obsługiwać komputer i korzystać z Internetu, również masz bardzo dużo wolnego czasu, który bezpowrotnie trwonisz. Czy wiesz, jakie mogą być skutki takiego działania?

Marcel: Nie wiem... Jakie? (Pojawia się bardzo ważne pytanie).

Ja: Wyjaśnię, ale najpierw zadam Ci pytanie, mogę?

Marcel: Tak.

Ja: Jak myślisz, co się z Tobą stanie, jeśli w taki sposób spędzisz parę następnych lat?

Marcel: (bark odpowiedzi, refleksja)

Ja: (moja refleksja) Na tym etapie rozmowy udzieliłem młodemu człowiekowi informacji na temat nieuniknionych konsekwencji, które dotkną zarówno jego, jak i nas. Większość konsekwencji była już omawiana w tej książce. Ważne: nie oceniaj, nie krytykuj, nie bądź apodyktycznym rodzicem, lecz wykaż się zdecydowaniem, spokojem oraz asertywnością.

Marcel: (słucha uważnie)

Ja (przykład 1): Mamy dla Ciebie zadanie: dajemy Ci tydzień, byś wybrał dyscyplinę, na którą się zapiszesz. I proszę, nie stosuj żadnych wymówek, ponieważ wiem, że jesteś bardzo inteligentny i masz niezbędne umiejętności, by to zrobić. Oczywiście zawsze możesz poprosić nas o pomoc. Jednak, młody człowieku, za tydzień spotkamy się ponownie i oczekujemy od Ciebie konkretnych planów, w których realizacji Ci pomożemy. Czy wszystko jest zrozumiałe? (konkretny, lecz również ciepły ton głosu).

Analiza

W tym dialogu naświetliłem młodemu człowiekowi perspektywę konsekwencji. Nie mówiłem w pusty, idiotyczny sposób, „że jak tak będziesz robił, to nic w życiu nie osiągniesz" lub „nic nie potrafisz dobrze zrobić", bo są to najgorsze wyrażenia, których nagminnie używają niekompetentni rodzice, bardzo efektywnie kształtując niską samoocenę u swoich dzieci. W tym dialogu działałem rozsądnie, bez emocji, ważyłem każde słowo oraz okazałem duży szacunek i asertywność mojemu rozmówcy, nie było tutaj żadnych gierek. Co otrzymałem w zamian od młodego człowieka, który został poinformowany o konsekwencjach oraz wymaganiach względem przyszłych działań? No cóż, łatwo nie było i był to dopiero początek drogi, pięknej drogi, która dogłębnie zmieniła

Marcela, jednak otrzymałem początkowe zainteresowanie i świadomość konsekwencji oraz minimalną chęć działania. Kim byłem w tej rozmowie pod kątem mojego stanu ego? Byłem dorosłym, który wpłynął na sposób myślenia i postrzegania rzeczywistości przez młodego człowieka, który podczas tej konwersacji zmieniło swój stan ego z rozwydrzonego dziecka do stanu ego dorosłego. Na płaszczyźnie społecznej byłem zaangażowanym, rozsądnym, silnym człowiekiem, który chciał pomóc innemu człowiekowi, na płaszczyźnie psychologicznej również.

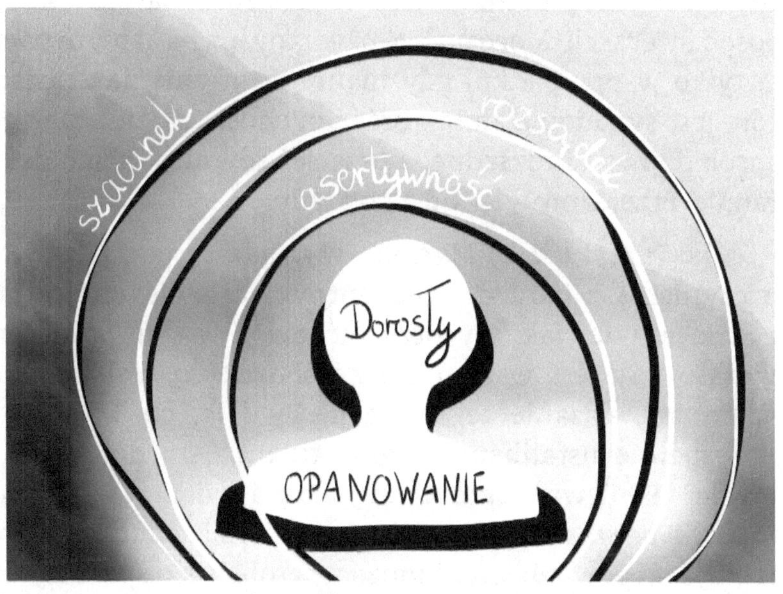

Ilustracja 9. Osoba, która posiada ego dorosłego jest zrównoważona i dojrzała.

Powyższa sentencja (Ja przykład 1.) niektórym wydać się może zbyt apodyktyczna i możecie mieć do niej krytyczny stosunek. Macie do tego absolutne prawo, ponieważ każdy z nas jest inny pod kątem siły charakteru i asertywności. Każda sytuacja jest inna i każde dziecko również jest inne. Nie ma uniwersalnych rad, które sprawdzą się w każdym przypadku, a jeśli ktoś tak sądzi, to uważam go za naiwnego. To, w jaki sposób poprosiłem Marcela o współpracę, było dokładnie przemyślane. Wystąpiło:

●wzbudzenie poczucia konsekwencji,

●wzbudzenie poczucia autorytetu oraz chęci współpracy,

●wzbudzenie psychologicznej zasady dotyczącej poczucia straty,

●zapewnienie poczucia bezpieczeństwa i kontroli.

Nawiązując do powyższych celów, uważam, że w tamtej sytuacji taka postawa była konieczna. Jednak teraz, gdy rozmawiamy, użyć mogę zupełnie innego sposobu komunikacji, który przytoczę poniżej. Jest to również bardzo przyjemny sposób interakcji. Może on być używany już na samym początku, ale tylko w przypadku, gdy mamy do czynienia z dzieckiem, które jest świadome zmian oraz ich chce. To dziecko w pewien sposób dojrzałe i rozsądne, a przecież również takich dzieci nie brakuje. Przejdźmy wiec do przykładu.

Ja: (przykład 2) Marcelu, wygląda to tak, jak bym miał do czynienia z bardzo inteligentnym człowiekiem, który nie do końca wie, jak wykorzystać swój wielki potencjał. Jak uważasz, czy jest w tym trochę sensu? Co, jeśli spróbujemy znaleźć rozwiązanie tej sytuacji, Ty i ja, co Ty na to? Jak już wspólnie ustaliliśmy, mamy tu problem do rozwiązania, prawda? Ponieważ bardzo Ci ufam i wierzę w Ciebie, czy mogę Cię poprosić, byś pomógł mi rozwiązać ten problem. Czy mógłbyś mi powiedzieć, co możemy zrobić, jaki sport wybrać lub inną formę spędzania czasu, która pozwoli Ci na kształtowanie nowych umiejętności?

Analiza

Wszystko, co widzicie powyżej, wydawać się może proste w swej naturze, jednak nie do końca tak jest. Użyłem niezwykle ciekawej wiedzy, która zmieniała moje postrzeganie tego, kim są ludzie i czym może być komunikacja. Zaczerpnąłem ją od wcześniej wspomnianego twórcy Chrisa Voss oraz innego, na którym Chris Voss się wzorował, pisząc swoją książkę. Jest nim William Ury, który napisał genialną książkę „Odchodząc od nie" („Getting Past No").

W pierwszym, czerwonym zdaniu, używamy bardzo empatycznej formy komunikacji, zwanej etykietowaniem uczuć (Labeling Emotion).Zamiast stosować żałosne wypowiedzi typu „zachowujesz się jak leń, który do niczego w życiu nie dojdzie, a ja już mam dosyć twojego zachowania", możemy dostrzec prawdziwe wartości w naszym dziecku i w inny, jak również odpowiedni sposób je nazwać. Ten sposób pozwala opisywać i nadawać głębszy sens sytuacji, zamiast bezpośrednio atakować i przenosić swoje negatywne emocje na dziecko celem wypełnienia swego pustego ego. Zamiast dostarczenia sobie pozornego poczucia spełnienia czy kontroli, jak również nieumiejętnego motywowania, możemy zrobić coś zupełnie przeciwnego. A mianowicie możemy dać prawdziwe wsparcie i przy okazji odpowiednio programować umysły młodych ludzi.

W zdaniu zielonym zadajemy pytanie, lecz stawiamy je w bardzo unikalny sposób, a mianowicie pojawiają się tam dwa słowa „co, jeśli" (What If). Możemy grubiańskim głosem, naładowanym negatywnymi emocjami powiedzieć „masz robić, co Ci mówię, ponieważ jeśli nie, pożałujesz tego". Jaki przyniesie to efekt dla młodego człowieka, który dopiero uczy się tego, czym są konsekwencje i komunikacja? Zamiast być w stanie ego apodyktycznego rodzica lub rozwydrzonego dzieciaka, który operuje w systemie 1., możemy świadomie w stanie ego dorosłego zadać pytanie niezwykle przyjemną i „perspektywiczną" barwą głosu „co jeśli". To proste pytanie, zadane w odpowiedni sposób, daje możliwość wyboru i poczucie kontroli, które jest niezwykle ważne dla młodych ludzi, często chcących samodzielnie podejmować decyzje.

Zdanie niebieskie jest na pozór proste, ale również kryje w sobie wielką moc. Są różne formy uzyskiwania odpowiedzi „tak". Możemy wymusić odpowiedź „tak", zadając pytanie, krzycząc lub używając słów „czy wszystko jest jasne?!", „czy w końcu usłyszę odpowiedź tak?!". Z pewnością usłyszysz fałszywe TAK, a może nawet prawdziwe buntownicze NIE, które wzniesie konflikt na następny poziom, czy warto? Celem sformułowania pytania w taki sposób, jest uzyskanie prawdziwej akceptacji i chęci współpracy, ponieważ macie wspólne stanowisko, cel oraz zadanie do wykonania.

Dwa ostatnie fioletowe zdania ukazują niezwykłą moc „skalibrowanych pytań" (Calibrated Question), których umiejętne zastosowanie sprawia przyjemność, sygnalizuje zaangażowanie i szacunek, a przede wszystkim daje poczucie kontroli, tak ważnej dla każdego człowieka. Gdy rozmawiamy pod wpływem emocji, bardzo często mówimy „nie widzę innego rozwiązania, masz robić tak, jak powiedziałem" lub „nie dyskutuj, decyzja już zapadła, a ty masz tylko słuchać". Jeśli osobiście doświadczyliście takiej formy komunikacji, to doskonale wiecie, jak efektywna i przyjemna jest w swojej naturze. Zamiast motywować i powodować chęć współpracy, osiągamy odwrotny efekt. Tak zwana odgórna komunikacja w życiu rodzinnym i biznesie w większości przypadków ma bardzo destruktywny wpływ na morale, zaangażowanie i poziom motywacji. Czy zdarzyło się Wam, że ktoś za Was podjął decyzję, a potem kazał Wam po prostu wdrożyć ją w życie? To z pewnością nic przyjemnego. Jednak skalibrowane pytanie działa w zupełnie inny, przeciwny sposób. Po pierwsze gdy zadajemy pytanie „czy możesz mi pomóc?", jakże trudno jest odmówić komuś bliskiemu pomocy. Wielka moc małych próśb została opisana również przez Roberta Caldini w książce „Zasady wywierania wpływu na ludzi", którą gorąco polecam każdemu rodzicowi. Zwrócenie się do kogoś z małą prośbą o pomoc zbliża ludzi, nadaje poczucie kontroli i wzbudza zaufanie, jak również buduje uczucie wdzięczności. W następnym zdaniu zadajemy skalibrowane pytanie, w którym prosimy nasze dziecko, by powiedziało nam, czy ma jakiś pomysł, który my z pewnością zaakceptujemy i pomożemy w jego realizacji. Taka forma zadania pytania daje przede wszystkim poczucie kontroli, również w tej sytuacji przenosimy odpowiedzialność i możliwość rozwiązania problemu na młodego człowieka, który staje się architektem i twórcą rozwiązania.

Oczywiście taka forma komunikacji nie jest prosta do zaaplikowania w życiu codziennym. To nie są techniki, których celem jest manipulacja. To przede wszystkim holistyczny i szczery sposób komunikacji, którego celem jest zrozumienie, wysłuchanie, zapewnienie szacunku i poczucia kontroli naszemu rozmówcy. By zmienić kogoś, przede wszystkim musimy zmienić siebie, stać się prawdziwym autorytetem z silnym charakterem, popartym wysoką samooceną. Jak to zrobić? O tym porozmawiamy w następnym rozdziale.

Chciałbym jeszcze tutaj podać przykłady innych gier, których świadomość może uchronić nas przed poczuciem pustki, złości czy wypalenia w komunikacji z innymi ludźmi, a szczególnie naszymi bliskimi. Gdy natrafiłem w książce Ericka Berne na te proste frazy, byłem zszokowany, jak wielokrotnie się z nimi zetknąłem i jak głęboki wpływ miały na mnie, gdy nie byłem w stanie ustosunkować się do nich prawidłowo. Zatem omówmy frazy, których pozorna prostota kryje wielką moc, której oddziaływanie może okazać się szkodliwe dla jakości naszych interakcji oraz stanów emocjonalnych.

Te frazy to:

Gdyby nie Ty, to…

Patrz, jak się staram a.....

Patrz, co przez Ciebie zrobiłem.

Czy zetknąłeś się z takimi słowami? A może Ty używasz takich sformułowań w emocjonalnie naładowanej konwersacji?

Jeśli odpowiedź brzmi twierdząco, to doskonale wiesz, jaką moc mają takie słowa.

Zazwyczaj padają w sytuacjach konfliktu, gdzie jedna ze stron chce w sposób bardziej lub mnie świadomy zmanipulować swojego rozmówcę. Najgorsze jest to, że nie tylko dzieci używają takich sformułowań, dużo częściej robią to ludzie dorośli. Z mojego doświadczenia wiem, że bardzo często rodzice w rozmowie z dziećmi używają tego, bardzo delikatnie mówiąc, niefrasobliwego sposobu komunikacji.

By przedstawić to w rzeczywistej perspektywie, również niezwykle brutalnej rzeczywistości, należy podać przykład, który pokaże, przez kogo i dlaczego takie słowa mogą być używane.

Przykład:

Wyobraźmy sobie zacofanego emocjonalnie drania, który znęca się fizycznie i psychicznie nad swoją partnerką. Oprawca to człowiek z bardzo niską samooceną, który czuje nieodpartą chęć dominacji i kontroli, więc by zaspokoić swoje emocjonalne potrzeby, szuka błahego powodu, by oskarżyć swoją partnerkę i wzbudzić konflikt.

Wynikiem konfliktu jest przemoc, ktoś zostaje pobity, znieważony, znajduje się w sytuacji pustki, histerii, rozgoryczenia, potrzebuje pomocy i wsparcia. Lecz co mówi oprawca po prezentacji męstwa i siły? Bardzo często „Patrz, co przez ciebie zrobiłem". Co się wydarzyło? By to wyjaśnić w łatwy sposób, wystarczy użyć analizy transakcyjnej Ericka Berne. Ego oprawcy w tej sytuacji to apodyktyczny rodzic, ego ofiary to dziecko przystosowane.

Oczywiście opis tej sytuacji za pomocą nauki wydawać się może bezuczuciowy, jednak ten prosty i jakże prawdziwy, również trudny przykład ma na celu uświadomienie tego, jak my się zachowujemy i z kim mamy do czynienia.

Oprawca nie musi być tchórzliwym mężczyzną bez zasad. To może być rodzic, mówiący do swojego dziecka, czego zresztą sam doświadczyłem i wiem, jak głęboki wpływ ma na dalsze życie. To może być dziecko mówiące do swojego rodzica, tak naprawdę może to być ktokolwiek z Twojego otoczenia i oczywiście to również możesz być Ty.

Aby zapanować nad sytuacją, w której pojawiają się takie oskarżenia, należy przede wszystkim zapanować nad emocjami, włączyć system 2, zwrócić uwagę na zachowanie ciała, które wpływa na nasz umysł, a następnie przejść w stan ego dorosłego. Kieruj się rozsądkiem i dobrem Twojego rozmówcy, staraj się być doskonałym słuchaczem, który jest w stanie zadać odpowiednie pytania. Ważne: nie oceniaj i nie dawaj rad, jeśli nikt o nie Cię nie prosi. Jednak gdy czujesz, że możesz coś doradzić, że możesz pomóc, zadaj zwyczajne pytanie, takie jak: „Przepraszam, jak uważasz, czy w tej sytuacji chciałbyś bym Tobie doradził, ponieważ to co powiedziałeś, jest ważne dla mnie?"

ROZDZIAŁ 7

NARKOTYKI SĄ WSZĘDZIE

Już opisywaliśmy, jak współcześni giganci biznesu wykorzystują nowoczesną wiedzę naukową w celu tworzenia produktów takich, jak gry komputerowe, media społecznościowe czy platformy streamingowe, by te stymulowały pracę mózgu naszych dzieci jak narkotyki. Niestety, nic się w tym celu nie robi, by ratować młodych ludzi przed uzależnieniem, które w bardzo łatwy sposób może zniszczyć ich życie.

Jednak jest to tylko jedno z wielu zagrożeń, które niszczą niezwykle chłonnych, znajdujących się w procesie dynamicznego rozwoju mózgu młodych ludzi. Dilerzy narkotyków w garniturach i białych rękawiczkach kontrolują największe gałęzie przemysłu i zakłamanych polityków również.

Legalne narkotyki i fałszywy marketing, który doprowadza do depresji i zabija miliony ludzi na świecie w niezwykle bestialski sposób, jest legalny. Ale o tym później, w jednym z końcowych rozdziałów, gdy będziemy mówić o fałszywym marketingu.

Teraz skupimy się na ultra przetworzonej żywności (ultra-processed foods).

Jeszcze nie tak dawno oglądając telewizję, co czynię w celach badawczych, a nie rekreacyjnych, natknąłem się na informacje w jednym z kanałów informacyjnych niezależnej telewizji, że Polska zajmuje pierwsze miejsce w Unii Europejskiej pod względem ilości otyłych ludzi wśród młodego pokolenia.

Co szokujące, podano tylko informacje, nic więcej. To tak, jakby informować w telewizji o tonącym statku, na którym giną ludzie, a jedyne, co byśmy słyszeli i widzieli, to relacja reportera, który przekazuje nam gorące informacje na żywo, ponieważ te mają swoją medialną wartość.

A gdzie szalupy i ludzie zaangażowani w akcję ratunkową, gdzie pytania o powody katastrofy i finalnie rozliczenie winnych? Nic z tych rzeczy, dostajemy tylko informację, że statek tonie. Nikt nie dba o ofiary, a im więcej ich utonie, tym ciekawsza, bardziej barwna oraz kosztowna informacja dla ludu.

To przykład niezwykłej hipokryzji i zakłamania masowych mediów, promujących przekazywanie informacji marketingowych, które zabijają. To tak, jak by ktoś jednego dnia być super bohaterem, który ratuje ludzi, a już następnego zwyrodnialcem, który kłamie i morduje dla zabawy lub zysku.

Taki właśnie charakter działania reprezentuje fałszywy marketing, szczególnie rozpowszechniany przez Internet i telewizję oraz wiele innych źródeł przekazu informacji. Zjawisko to szerzej opisałem w mojej książce „Are you really communicating".

Do napisania tego rozdziału zainspirował mnie bardzo ciekawy film dokumentalny BBC pt. „What Are We Feeding Our Kids?", gdzie Dr Chris van Tulleken mówi, czym jest i jak działa ultraprzetworzone jedzenie.

Jednak nim przejdziemy do eksperymentów i badań naukowych, które pojawiły się w dokumencie, wyjaśnię, czym jest ultraprzetworzona żywność. Przede wszystkim zawiera ona bardzo duże ilości cukru, soli, tłuszczów nasyconych i szkodliwych tłuszczów trans. W jakiej postaci występuje taka żywność?

Przede wszystkim są to napoje wysokocukrowe, chipsy, czekolada, słodycze, lody, płatki śniadaniowe, pakowane zupy, nuggetsy z kurczaka, hot dogi, frytki, jogurty, sosy, pizza, hamburgery, różnego rodzaju mięsa i dużo, dużo więcej. Tak naprawdę należy zadać pytanie, czy mamy jeszcze dostęp do nieprzetworzonej żywności? Według mnie mamy opcje pozornie zdrowego wyboru, czyli nisko przetworzonej żywności oraz ultraprzetworzonej żywności, jednak o tym może innym razem...

Co powoduje ultraprzetworzone jedzenie? Według WHO (Światowej Organizacji Zdrowia) niezdrowe jedzenie zabija najwięcej ludzi rocznie na świecie. Paradoksalnie więcej niż głód, wojny, palenie papierosów czy covid. Dlaczego?

Ponieważ niezdrowa żywność jest głównym czynnikiem chorób serca, chorób układu krążenia, cukrzycy, amputacji kończyn, depresji żywieniowej, załamań nerwowych, niskiej samooceny i oczywiście otyłości.

Przetworzona żywność ma także niezwykle zgubny wpływ na jeden z najważniejszych organów w naszym ciele, którym są jelita, ośrodek naszego układu odpornościowego.

Zatem co odkrył Dr Chris van Tulleken? Po pierwsze Dr Chris poddał się eksperymentowi, w którym to przez miesiąc odżywiał się ultraprzetworzonym jedzeniem, co spowodowało przybranie na wadze około 7 kg. Takie eksperymenty były już wykonywane wcześniej. Szokuje fakt, że ultraprzetworzone jedzenie zmienia połączenia neuronowe naszego mózgu.

Innymi słowy, w mózgach naszych dzieci tworzą się struktury neuronowe takie same, jak u ludzi głęboko uzależnionych od narkotyków, alkoholu, papierosów czy hazardu. W celu lepszego zobrazowania przywołam fragment artykułu NHS Foundation Trust, który mówi o skanach mózgu Dr Chrisa, wykonanych przez prof. Batterham, która stwierdza:

„Hormony wytwarzane w jelitach odgrywają kluczową rolę w regulacji apetytu i masy ciała. Dieta UPF zmieniła te hormony, więc Chris czuł się bardziej głodny, dlatego jadł więcej i przybierał na wadze. Po czterech tygodniach diety UPF połączenia mózgowe Chrisa uległy zmianie. Co może być spowodowane samą dietą UPF lub zmianami hormonalnymi. Zmiany te prawdopodobnie zwiększyły jego chęć do jedzenia większej ilości żywności UPF, a także zmieniły jego nastrój".

Powyższy cytat również mógłby opisywać zmiany, jakie w naszym ciele powoduje uzależnienie od narkotyków, takich jak alkohol czy kokaina. Czy nie jest to przerażające, że sami zaopatrujemy nasze dzieci w silnie uzależniające narkotyki?

Przytoczę jeszcze jeden fragment artykułu, ukazujący narkotyczną rzeczywistość na podstawie ostatnio opublikowanych badań, również pochodzący z NHS Foundation Trust: *„W ciągu ostatnich 40 lat nasze wózki zakupowe zostały wypełnione przez UPF i obecnie stanowią większość naszych kalorii - u dzieci to 64% ich diet, a u nastolatków 67%."*

Cytat pokazuje, jak uzależnienie przejmuje kontrolę nad współczesnym stylem życia, którego Ty i Twoje dziecko niestety jesteście częścią. Czy jesteś w tych 64% i 67%? Jeśli tak, to krzywdzisz siebie lub swoich bliskich.

ROZDZIAŁ 8

KŁAMLIWY I ŚMIERDZĄCY MARKETING

Badania wskazują, że człowiek urodzony 100 lat temu i przeniesiony w czasie do naszej rzeczywistości, nie przeżyłby godziny. Pytanie brzmi: dlaczego? Otóż osoba taka zostałaby zniszczona ilością informacji, które jej mózg musiałby przetworzyć.

Innymi słowy, mózg osoby z przeszłości by eksplodował. Zatem wiemy, co by się wydarzyło gdyby ktoś przybył z przeszłości, lecz jaki miałoby to wpływ na obecną sytuację? Skupmy się na Polsce podając pewne fakty. Polska znajduje się na drugim miejscu w Europie pod kątem ilości samobójstw i samookaleczeń wśród młodzieży a na arenie światowej zajmuje 6 miejsce.

Depresja to zjawisko ogólnoświatowe, jednak w niektórych państwach podejmowane są inicjatywy by temu zapobiegać. W Polsce takich inicjatyw nie ma, co wyraża poniższy cytat według Klubu Jagiellońskiego:

„Według danych WHO z 2019 r. Polacy odbierali sobie życie prawie najczęściej w Europie. Wskaźnik wynosi 23,9 samobójstw na 100 tys. osób, co sprawia, że zajmujemy 4. miejsce w Unii Europejskiej. Polki są zaś po drugiej stronie tej czarnej statystyki. Zajmują 6 miejsce od końca w UE z wynikiem 3,4 samobójstw na 100 tys. mieszkańców".

Co zatrważające, najwięcej prób samobójczych i samookaleczeń występuje w grupie ludzi młodych, w przedziale wiekowym 11 — 21 lat. Dlaczego tak się dzieje? Dlaczego na co dzień nie dostajemy informacji o fatalnej sytuacji psychologicznej Polaków, szczególnie młodych ludzi a następnie konkretnych inicjatyw, które mogłyby im pomóc?

By odpowiedzieć na to pytanie, wróćmy do przykładu osoby z przeszłości, która przybyła do naszych czasów. Wiemy, że taka podróż zakończyłaby się tragedią. Czy ze względu na powyższe dane dotyczące depresji, samobójstw czy samookaleczeń, sytuacja się poprawia? Właściwie jest dużo gorsza, ponieważ współczesna rzeczywistość nie tylko sprawia, że ludzie odbierają sobie życie ale zanim to uczynią, muszą przejść przez niewyobrażalne tortury.

Śmierć nie następuje nagle - to proces, na który składa się wiele czynników ekonomicznych, społecznych, kulturowych i środowiskowych. Jednak celem tej książki jest odpowiedź na pytanie „Dlaczego mordujemy nasze dzieci?", zatem przede wszystkim skupimy się na śmierdzącym i kłamliwym marketingu.

Nawyki kształtują i kontrolują nasze życie, więc bezsprzecznie mają wielką moc niszczenia lub tworzenia. Możemy je podzielić na dwie podstawowe grupy: nawyki złe i nawyki dobre. By nadać temu jeszcze większy sens, musimy wiedzieć, że wystarczy jeden zły nawyk, który jest w stanie zniszczyć nasze życie i życie ludzi wokół nas. Weźmy pod uwagę picie alkoholu.

To bardzo niezdrowy nawyk, który jest jednym z większych morderców na świecie. Już tylko nadużywanie alkoholu może przysporzyć wielu problemów, a dodatkowo z pewnością wdroży w nasze życie wiele następnych złych nawyków, takich jak palenie, niezdrowe odżywianie, złe traktowanie innych ludzi, eksperymentowanie z nowymi rodzajami narkotyków.

W ten sposób tworzą się uzależnienia krzyżowe, które niszczą nasze umysły, dusze i ciała. Jednak nawyki, które mogą zniszczyć nasze życie, to już nie tylko narkotyki czy niezdrowa żywność. To również nowoczesne „narkotyki" opisane we wcześniejszych rozdziałach, które zbierają krwawe żniwo wśród najmłodszych. Dziecko uzależnione od komputera zwykle uzależnione jest też od niezdrowego żywienia.

Wraz z pojawieniem się podstawowego uzależnienia krzyżowego, występuje degradacja emocjonalna, intelektualna i fizyczna. Taką moc mają pozornie niepozorne nawyki. Gdy się o tym dowiedziałem byłem w szoku. Przygotowując jedno z moich szkoleń na temat nawyków w aspekcie samorozwoju natknąłem się na bardzo ciekawą informację, że papierosy jeszcze 50 lat temu w Ameryce i Europie były reklamowane.

Co w tym szokującego? – zapytasz. Przecież reklamy papierosów w telewizji mogliśmy oglądać jeszcze relatywnie niedawno, bo jakieś 25 lat temu. Jednak te promowały palenie jako czynność, która uczynić cię może kowbojem na Dzikim Zachodzie lub niezwykle atrakcyjnie wyglądającą damą na tle wyblakłego społeczeństwa.

Natomiast pół wieku temu papierosy były reklamowane jako zdrowe — poprawiały nastrój, ujędrniały cerę, walczyły z chorobami, poprawiały kondycję albo walczyły z rakiem. Były reklamowane dla kobiet w ciąży oraz dzieci, nie uwzględniając docelowo żadnej grupy wiekowej. Jest to dla Was szokujące?

Być może tak, jeśli popatrzymy powierzchownie, ale jeśli spojrzymy na temat nieco bardziej krytycznie dostrzeżemy, że sytuacja absolutnie się nie zmieniła. Powiedziałbym nawet, że dzisiaj jest dużo gorzej, ponieważ poziom chamstwa i chciwości wśród wielkich politycznych i biznesowych graczy nie zna granic.

Przedstawię kilka marketingowych przekrętów, które już prawdopodobnie zabiły setki milionów ludzi a wielu z nich przed śmiercią cierpiało straszne tortury. Nim to jednak zrobię, chciałbym wyjaśnić, co jest rolą współczesnego marketingu.

Otóż jest nią głównie kreatywna manipulacja, której zadaniem jest wysłanie nam informacji podprogowej, której z kolei celem jest wdrożenie w nasze życie nawyku poprzez fałszywie przedstawione informacje, jak miało to miejsce w przypadku papierosów i to jeszcze nie tak dawno temu. W Polsce podobno wysyłanie informacji podprogowej poprzez marketing jest zakazane. Czy na pewno?

Wykonując badania przy tworzeniu tej książki, doszedłem do przeświadczenia, że to kłamstwo. W jaki sposób zakazane? Zaraz z łatwością obalimy to śmierdzące kłamstwo podając poniżej kilka prostych przykładów.

ROZDZIAŁ 9

MORDERCY W BIAŁYCH RĘKAWICZKACH

Alkohol

Legalne reklamy „narkotyków" w mediach wszelkiego rodzaju to już codzienność. Jednak dlaczego my, ludzie doświadczamy takiego absurdu, dlaczego jesteśmy tak okłamywani, dlaczego poświęca się tyle istnień zwłaszcza młodych w imię kłamstwa i zysku? To pytanie zostawiam czytelnikom by stworzyli własną refleksję w obszarze fałszywego marketingu.

Przeanalizujmy pierwszy przykład. Czym różni się alkohol od narkotyków? Proszę, odpowiedzcie sobie na to pytanie. Dla mnie niczym, jednak minęły lata nim to zrozumiałem. Zostałem zaprogramowany przez fałszywy marketing, by w alkoholu upatrywać niewinną używkę, której chęć konsumpcji uczyni mnie człowiekiem wyjątkowym i należącym do elity społecznej. Sposób w jaki jest reklamowany alkohol, przede wszystkim polega na wysłaniu niezwykle subtelnie ukrytej podprogowej informacji, której zadaniem jest wzbudzenia w nas poczucia przynależności społecznej do wyjątkowej grupy ludzi oraz bycia kimś atrakcyjnym.

Przestudiujmy jedną z najbardziej popularnych reklam piwa w Polsce, która informuje nas, że spożywanie alkoholu uczyni nas legendą. Co na niej widzimy? Młodego, atrakcyjnego, o wysokim statusie finansowym mężczyznę, który pędzi do swoich jeszcze bardziej atrakcyjnych znajomych wspólnie bawiących się w luksusowym miejscu. Na końcu słyszymy „zostań legendą". Jednak absurd sięga dużo dalej: o ile można jeszcze pogodzić promowanie narkotyków ze świetną zabawę, to jak alkohol może być promowany w połączeniu ze sportem? A przecież fałszywy marketing już teraz sugeruje, że picie alkoholu przed lub po treningu uczyni cię wyjątkowym i niepowtarzalnym.

Warto zadać pytanie, jaka jest rzeczywistość alkoholowo — narkotykowa? To wielka skala powikłań wszelkiego rodzaju chorób fizycznych i psychicznych. To również bardzo często gwałty, pobicia, przemoc w rodzinie, bankructwa czy niewyrażona krzywda ludzi, uwikłanych w życie z osobą uzależnioną. To również obrzygani, obsrani i oszczani ludzie pozbawieni godności, żyjący na ulicy bez prawa do szczęścia. To, co pokazują reklamy, to może 1% rzeczywistości alkoholowej, reszta jest rzeczywistością opisaną powyżej. Według WHO rocznie od papierosów na świecie umiera ponad 7 mln ludzi, natomiast alkohol jest przyczyną ponad 5 mln zgonów. Choć są to oficjalne dane, płynące z najbardziej prestiżowych organizacji na świecie, to sądzę, że są kilkukrotnie zaniżone. Jednak już te liczby wskazują, czym naprawdę są uzależnienia i jak potwornie jesteśmy okłamywani i manipulowani. Wystarczy wyobrazić sobie nastolatka, który ogląda reklamę alkoholu w telewizji. Nagle zostaje mu wysłana podprogowa informacja, jak zostać legendą, jak poznać fajnych ludzi, czym jest prawdziwa zabawa i jak stać się człowiekiem sukcesu. Legalne reklamy narkotyków w polskiej przestrzeni medialnej co roku zabijają dziesiątki tysięcy ludzi, choć oficjalne, bardzo przekłamane dane mówią, że jest to 12 tysięcy. Kiedy ten absurd się skończy? Czy wreszcie ktoś w polskich szkołach zacznie promować zajęcia psychoedukacji gdzie krytyczne myślenie, komunikacja czy autoprezentacja będą częścią codziennej rzeczywistości? Jeśli to się nie stanie, to już teraz niczym hitlerowskie Niemcy w imię fałszywej idei, zysku i politycznego spełnienia będziemy wykluczać i eksterminować grupy społeczne niemogące się w żaden sposób bronić. To już się dzieje… „zostań legendą".

Śmieciowe jedzenie

Ten temat został już poruszony w aspekcie ultra przetworzonego jedzenia, jednak nie pod kątem fałszywego marketingu. Zwróćmy uwagę na istotny fakt: wg WHO rocznie na świecie na skutek spożywania jedzenia śmieciowego umiera 11 mln ludzi. Ponownie twierdzę, że liczba ta jest wysoko zaniżona ponieważ niezdrowe odżywianie niesie z sobą nie tylko zagrożenie amputacją kończyn, cukrzycą, nowotworami czy chorobami serca ale również w potężnej mierze przyczynia się do kształtowania depresji żywieniowej u młodych ludzi.

Jak promuje się niezdrową żywność? Może zacznijmy od przykładów najwyższej próby pod kątem zakłamania i konstruowania tak bardzo zabronionej informacji podprogowej. Leo Messi wielokrotnie został uznany za najlepszego piłkarza na świecie bo jest to gwiazda niepowtarzalnego formatu, która elektryzuje nie miliony lecz miliardy ludzi. Siła autorytetu Leo Messiego jest niczym tsunami, które może zniszczyć wszystko na swojej drodze. Ponownie sięgam do danych WHO: istnieją pewne grupy produktów toksycznych. W pierwszej grupie najbardziej toksycznych produktów do spożycia od wielu lat nieprzerwanie znajdują się takie używki jak narkotyki czy produkty tytoniowe, co wydaje się całkiem zrozumiałe. Jednak w tej samej grupie znajduje się śmieciowe jedzenie, takie jak cola, chipsy, produkty wysoko cukrowe, innymi słowy przetworzona i wysoko toksyczna żywność, której spożycie zabija więcej ludzi niż alkohol i tytoń razem wzięte. Na czele tej manipulacyjnej propagandy, która uzależnia, kłamie i finalnie również morduje wiele ludzkich istnień, szczególnie młodych, stoi najpopularniejszy sportowiec na świecie. Czy to nie jest dziwne? Szukamy innych istot we wszechświecie i zastanawiamy się, czy jesteśmy jedyną inteligentną formą życia. Tak naprawdę nie wiem, skąd ta wyniosłość w nazywaniu mieszkańców Ziemi inteligentną formą życia skoro sytuacja jest taka sama jak 50 lat temu w Ameryce, gdzie to sławy sportu czy kina reklamowały papierosy jako zdrowe, adresując je także do kobiet w ciąży czy dzieci. Teraz reklamy z udziałem największych gwiazd sportu robią to samo, zabijając nawet więcej ludzi niż miało to miejsce kiedyś. Produkty bardziej szkodliwe i toksyczne niż papierosy czy alkohol reklamowane są jako zdrowe przez „marketingowych dyktatorów", którzy w imię zysku i popularności mordują ludzi.

Również ci marketingowi mordercy mają swój wielki udział w mordowaniu zwierząt, przyrody i zasobów ludzkich. Żeby wyprodukować jeden kilogram mięsa wołowego potrzeba 15000 litrów wody, by wyprodukować jedną paczkę chipsów - 185 litrów wody aby wyprodukować 1 litr coli potrzeba 400 litrów wody.

W Polsce marketingowych dyktatorów również nie brakuje. Spójrzcie choćby na jedną z największych sieciowych restauracji, serwujących truciznę najwyższego sortu, która do promocji swych produktów zatrudniła dwóch popularnych aktorów. Jedzenie, które przyczynia się do bezpośredniej degradacji naszej formy fizycznej i psychicznej, reklamowane jest przez zdrowych, młodych, pięknych ludzi, którzy dzięki śmiertelnym uzależnieniom stają się kimś wyjątkowym. Ponownie możemy tu użyć stwierdzenia, które w obecności tych informacji nabiera jeszcze większego sensu: „Największą sztuczką diabła było przekonanie ludzi, że nie istnieje".

Ilustracja 10.Sławne osoby reklamują niezdrowe jedzenie jako coś wspaniałego, ukrywając, jak niszczycielskie może mieć ono skutki.

Gry i cukier

Gdy promuje się jedną szkodliwą aktywność, biorąc pod uwagę poziom hipokryzji, którego możemy doświadczyć w strefie marketingu to promowanie dwóch za jednym zamachem jest już sporą przesadą. Co więcej — to nadużycie i manipulacja, które za jednym sprytnym ruchem może wdrożyć dwa bardzo szkodliwe uzależnienia w życie młodych ludzi. By to przedstawić, zaprezentujemy podejście dwóch największych graczy, przedstawicieli z branży cukierniczej, którymi są Coca-cola i Pepsi. Oglądając telewizję, oczywiście w celach badawczych, analizując treści marketingowe natrafiłem na reklamy dwóch wyżej wymienionych firm. Gdy obejrzałem te reklamy, mój stan emocjonalny pozostawiał wiele do życzenia ponieważ byłem nieco wzburzony tym jak manipuluje się, uzależnia, kłamie, a przede wszystkim wysyła się informację podprogową, która ma siłę wpływania na kształtowanie się świadomości dziecka.

<u>Przejdźmy zatem do przykładów.</u>

Pepsi w swojej reklamie, dostępnej na kanale YouTube i zatytułowanej „Dorzuć więcej smaku do chwili w domu z pepsi" pokazuje jak wygląda prawdziwe szczęście i zabawa. Trzech nastoletnich, atrakcyjnych ludzi przyjemnie spędza czas bawiąc się w domu. Reklama zaczyna się powrotem młodego człowieka do domu z zakupami, których połowę stanowią puszki pepsi. Następnie w rozszalały sposób, konsumując pepsi młodzi ludzie bardzo angażują się w gry komputerowe, które dostarczają im wiele radości. Nagle pojawia się głos lektora, że należy coś ugotować a po chwili młodzi ludzie trzymają w ręce po kawale wielkiej pizzy, zapijając ją łapczywie pepsi. Lecz to nie koniec absurdu, ponieważ na samym końcu młodzi ludzie przywiązują puszki pepsi do krzeseł by mieć nieograniczony dostęp do swojego napoju a następnie cudownie spędzają wieczór, oglądając filmy. To jest właśnie recepta na szczęście, rozwój, przyjaźń i bycie kimś wyjątkowym. Oczywiście jest to obłuda i fałsz, który promuje narkotyczny styl życia, zamyka ludzi w toksycznej sferze komfortu i daje fałszywą nadzieję na to, że spędzając czas w taki sposób poznamy ciekawych ludzi, będziemy atrakcyjni i staniemy się kimś wyjątkowym. Podprogowa informacja wysyłana do młodzieży w ten sposób kształtuje w nich podświadomy sposób dążenia do najłatwiejszych możliwości dostarczania sobie poczucia spełnienia a pozorne poczucie spełnienia jest nieodzownym składnikiem najbardziej destruktywnych uzależnień, które torturują a finalnie zabijają. Niestety, wielu młodych ludzi uwierzyło w ten kłamliwy oraz wyimaginowany styl życia, ponosząc daleko idące konsekwencje, takie jak samotność, otyłość, depresja, zanik rozwoju emocjonalnego i fizycznego. Również ich rodzice nie unikną konsekwcji, mierząc się z dorosłymi dziećmi, które niezdolne do interakcji społecznych na zawsze pozostaną w domu, strefie relaksu i komfortu, który został im zaszczepiony przez firmę pepsi.

Z kolei Coca-cola mówi do młodych ludzi w swojej

reklamie „Orzeźwiaj się, graj dalej, ciesz się smakiem" a wszystko to w akompaniamencie podniosłej muzyki i młodego modela łapczywie pijącego pepsi. Nawet pisząc o tym i wracając do reklamy zatytułowanej „Wieczór gier? Najlepiej z Coca-cola", dostępnej na kanale YouTube, ponownie mój stan emocjonalny ulega pogorszeniu, gdyż nawet sama świadomość, że ten niezwykle silny przekaz marketingowy zwyczajnie krzywdzi, okłamuje, a nawet zabija młodych ludzi ale jest legalny, powoduje we mnie wielkie wzburzenie. Fakt, że nikt, szczególnie władze w żaden sposób nie przeciwstawiają się temu, jest dla mnie zwykłym szaleństwem. Ponownie w jednej z reklam w sposób niezwykle przebiegły oferuje się rozwiązania dla młodych ludzi, które od najmłodszych lat uczynić je mają ćpunami poprzez fałszywą wizję szczęścia i sugestii, dotyczących orzeźwienia, grania i radości.

Aby wzmocnić powyżej opisane dowody śmierdzącego marketingu, którego celem jest wdrażanie uzależnień krzyżowych w życie młodych ludzi, warto wspomnieć o niedawno opublikowanych badaniach, dotyczących zaburzeń obsesyjno-kompulsywnych (obsessive–compulsive disorder – OCD). Wcześniej dotykały one około 2% - 3% populacji, teraz sytuacja się zmienia, ponieważ występowanie tych zaburzeń psychicznych w 40% może być spowodowane nadmiernym spędzaniem czasu przed ekranami komputerów a szczególnie graniem i to w młodym wieku. W wyniku OCD dochodzi do głęboko idących zmian w zakresie gospodarki hormonalnej naszego mózgu i ciała. Wynikiem OCD są natrętne myśli, które przerodzić się mogą w obsesje. Również możemy stać się ofiarą niewytłumaczalnych, natrętnych zachowań względem siebie oraz innych ludzi, co w perspektywie może mieć bardzo negatywny wpływ na życie rodzinne i zawodowe. No cóż, opisane powyżej przekazy marketingowe są bezpośrednią przyczyną kształtowania się patologii społecznych, jednak promowane są w zupełnie odmienny sposób a mianowicie promuje się je jako lekarstwo, nie przyczynę.

Stymulujący marketing, wykorzystujący najnowocześniejsze zdobycze szeroko pojętej wiedzy psychologicznej oraz marketingowi dyktatorzy na przestrzeni ostatnich dekad przeprogramowali mózgi milionów ludzi, którzy w konsekwencji stracili swoje życie, tożsamość, poczucie kontroli, poziom samooceny i godność.

W następnym rozdziale omówimy siłę pozytywnych i dobrych nawyków, które również dość barwnie nazwać możemy dobrymi uzależnieniami. Nawyki te mają moc w kształtowaniu silnej woli, odczuwania prawdziwego poczucia spełnienia i w konsekwencji prawdziwej stymulacji w zakresie podnoszenia naszej samooceny. Kształcenie tych umiejętności w życiu młodego człowieka może spowodować, że wychowasz małego super człowieka, który zawsze będzie wsparciem dla siebie samego oraz Ciebie.

ROZDZIAŁ 10

BOGATA PATOLOGIA,

KTÓRA CZYŚCI ZĘBY CUKREM

W tym rozdziale omówimy dualistyczny pogląd, który nasiąknął społeczną propagandą a konkretnie omówimy strukturę społeczną, odzwierciedloną w różnym statusie finansowym. Można by sądzić, że czasy społecznego rasizmu to już przeszłość, gdy ludzie byli interpretowani poprzez stan posiadania oraz przynależność do odpowiedniej klasy społecznej. Tymczasem wydaje się być dużo gorzej. Podziały społeczne sięgają coraz głębiej, niezależnie od reprezentowanej pozycji, ale jednocześnie dzieje się coś niezwykle ciekawego i sprawiedliwego w swej naturze. Odnosząc się do podziałów społecznych, to ludzie stają się coraz bardziej skłóceni na rzecz szumu informacyjnego i zbyt dużej ilości wiedzy w obiegu, które finalnie mogą nas zabić, co już było omówione wcześniej. W tym samym momencie jakość informacji, które docierają do odbiorców, reprezentujących różne grupy społecznie, niczym się nie różni. Śmierdzący marketing, którego jakość porównać można do psich odchodów na chodniku, dotyczy już każdej klasy społecznej. Kiedyś tylko uprzywilejowani i bogaci członkowie społeczeństwa mieli możliwość tworzenia wiedzy oraz jej dystrybuowania, również ta część społeczeństwa miała dostęp do najlepszej jakości informacji. Z kolei ludzie biedniejsi, którzy nie potrafili czytać, czy nie mieli dostępu do środków masowego przekazu, które kiedyś były dobrem luksusowym, zwyczajnie byli bardzo ograniczeni w dostępie do nowej wiedzy. Wtedy było to niesprawiedliwe. Jednakże w dobie społecznego absurdu w którym obecnie żyjemy, brak dostępu do nowoczesnej wiedzy marketingowej mógłby się okazać zbawieniem dla wielu ludzi. Postaram się to udowodnić w dalszej części rozdziału.

Fakty podobno się nie liczą — liczy się tylko to, jak zostaną przedstawione. Można to zaobserwować w przypadku cukru. Cukier jest z nami od tysięcy lat. Niegdyś był jedną z najdroższych przypraw, lecz również był jednym z najdroższych oraz pozornie najskuteczniejszych medykamentów stosowanych do czyszczenia jamy ustnej. No cóż, jakiś sprytny człowiek sprzed setek lat doskonale wiedział, jak wykorzystać próżność i głupotę bogatych ludzi, którzy niezwykle drogim cukrem czyścili swoje zęby. Proces musiał być bolesny a wynik opłakany. Zatem zauważyć możemy, że kiedyś nie tylko dobra luksusowe o nieznanym do końca działaniu były drogie. Dostęp do informacji również był ograniczony i kosztowny. Jednak teraz sytuacja zmieniła się diametralnie, ponieważ produkty niegdyś luksusowe są ogólnodostępne a stworzenie i rozpowszechnianie informacji jest również bardzo tanie. Ku czemu zmierzam? Kiedyś ludzie z niższych klas społecznych nie mieli przywileju i możliwości leczenia sobie zębów cukrem, co wydawać się mogło dużą niesprawiedliwością, ale czy na pewno? Z pewnością konkluzja jest oczywista i dość wyrazista w swej osobliwości, jednak taka miała być. Ponieważ obowiązuje błędny stereotyp społeczny, że to ludzie z niższych klas społecznych głównie mierzą się ze współczesnymi uzależnieniami, prawda może okazać się zupełnie inna, co przedstawię w dalszej części tego rozdziału.

Dostęp do informacji, tworzenie faktów oraz ich interpretacji czy wymyślanie nowych produktów kiedyś było rolą przedsiębiorców, dziś jest to praca psychologów, których głównym zadaniem jest wdrożenie nawyków w nasze życie (ale o tym więcej powiem w następnym rozdziale). Nawyki bezwzględnie kontrolują nasze życie. Nie trzeba mieć wielu złych nawyków aby sobie i ludziom wokół zniszczyć życie — wystarczy tylko jeden: złe odżywianie, gry, palenie czy zażywanie narkotyków. Co będzie, gdy te nawyki zaczną się krzyżować? Jest to oczywisty scenariusz, ponieważ zachodzi reakcja łańcuchowa. Załóżmy, że mamy dziecko uzależnione od gier. Godziny, dni, czasami lata spędzone w wirtualnym świecie wyeksponowały dziecko na setki godzin fałszywego marketingu, czego wynikiem jest między innymi jedzenie i picie śmieciowego jedzenia. Nie wspomnę już o zniszczonej empatii, która była omawiana wcześniej. Lata mijają, dziecko uzależnione od agresji, gier i śmieciowego jedzenia zaczyna ponosić konsekwencje swoich zachowań. Następnie nadchodzi nowy etap w życiu i młody człowiek wchodzi w dorosłość, nie mając empatii, silnej woli, charakteru, fizyczności czy ciekawych, unikalnych umiejętności. Nagle okazuje się, że to wielkie grono ludzi z lat szkolnych, przyjaciele na których byliśmy skazani i bardzo często ich nie docenialiśmy, znikają. Wszystko co miało kiedyś wartość, nagle ją traci i zupełnie nowe wyznaczniki sukcesu nabierają sensu. Nie będzie już miało znaczenia to ilu przeciwników zabiłeś w grze, jakim samochodem podjechałeś pod szkołę, czy jaki telefon posiadasz. Okazuje się, że nie znasz ludzi ani języków, ludzie nie okazują ci szacunku, że szacunek nie jest ci dany z góry, ale musisz o niego walczyć. Jednak by walczyć, trzeba mieć zacięcie, charakter, silną wolę i wysoką samoocenę. Zatem jak walczyć, jeśli jedyne co potrafisz, to przeglądać Internet, jeść pizze popijając colą czy odnosić spektakularne sukcesy, przechodząc następne poziomy gry? Poziom własnej samooceny jest dla nas bardzo ważny i dotyczy każdego z nas. Co więcej: każda sytuacja i moment w życiu ma wpływ na naszą samoocenę. Lecz jak może czuć się człowiek zaniedbany, bez przyjaciół, bez wiedzy, jaką wartość stanowi dla siebie i innych ludzi? Jednak młodzi ludzie widzą pociągającą alternatywę: by poczuć się szanowanym, w kontroli, by zwyczajnie poczuć się komfortowo, wystarczy napchać się narkotykami takimi jak alkohol. W końcu jest to ogólnie dostępny i prospołeczny produkt, czyniący cię częścią elity, która kiedyś mogła sobie czyścić zęby cukrem. Młody człowiek zaczyna pić, palić, uzależnia się od nowego rodzaju agresji lub nie wytrzyma presji i zwyczajnie odbiera sobie życie. A wszystko tylko po to, by doświadczyć czegoś ważnego i znaczącego w życiu. Jednak jeśli uczy się nas, że szczęście możemy zyskać, czyniąc się nieszczęśliwym, to sytuacja będzie tylko gorsza. Żyjemy w czasach, gdy mówi się, że wszystko co piękne jest łatwe i na wyciągnięcie ręki a wystarczy w kreatywny sposób stymulować pracę naszego mózgu, by dostarczać mu poczucia przyjemności, spełnienia i poczucia własnej wartości. Niestety, współczesna nauka w wielu przypadkach wykorzystuje tę wiedzę do tego by eksploatować, okłamywać i mordować ludzi. Przedstawię to na przykładzie trudnych sytuacji, z którymi zetknąłem się w mojej pracy.

Bogata patologia

Wielokrotnie byłem proszony przez różnych ludzi o pomoc w rozwiązaniu problemów wychowawczych ich dzieci. Na początku mojej zawodowej kariery zaobserwowałem coś bardzo ciekawego: im bogatsze były te osoby, tym problem wydawał się bardziej złożony, choć można było podejrzewać, że sytuacja będzie kreowała się w przeciwnym kierunku. Przynajmniej takie było moje dość powierzchowne i naiwne założenie, widocznie bardziej kierowałem się moim podświadomym niż świadomym myśleniem. Jednak przejdźmy do sytuacji, której doświadczyłem wielokrotnie w kontaktach z „klasą wyższą".

Historia

Zadzwonił telefon. Na wyświetlaczu zobaczyłem nazwisko dawnego znajomego, co mnie kompletnie zaskoczyło. Odebrałem, zadaliśmy sobie parę podstawowych pytań na temat naszego życia prywatnego i zawodowego, po czym mój znajomy zapytał, czy byłbym w stanie porozmawiać z jego zaprzyjaźnioną rodziną na temat zachowania ich dzieci. Odparłem, że raczej nie, ponieważ byłem wyjątkowo zajęty. Znajomy jednak naciskał, mówiąc, że jego przyjaciele mają poważny problem i rozpaczliwie potrzebują pomocy. Zapytałem więc, co się dzieje? Okazało się, że chodzi o bardzo majętnych ludzi, którzy nie są w stanie poradzić sobie ze swoim 15–letnim synem. Byłem zaskoczony, że ktoś nie radzi sobie z piętnastolatkiem. Warto nadmienić, że był to początek mojej pracy trenera. Zgodziłem się zatem i powiedziałam, że jeśli ta rodzina chce porozmawiać, proszę o kontakt. Po dwóch dniach zadzwonił telefon i umówiliśmy się na spotkanie. Trzy godziny później znalazłem się w wielkim, luksusowym domu, zobaczyłem trójkę młodych ludzi (dwie dziewczynki w wieku około 13 lat i wspomnianego chłopca). Zaczęliśmy rozmawiać, spytałem, co się dzieje? Usłyszałem historię synka, który już trzykrotnie w stanie upojenia alkoholowego został dostarczony do domu przez policję. W trakcie tego zajścia chłopiec zachowywał się wulgarnie i agresywnie, kierując inwektywy werbalne w stronę rodziców i policji. Zapytałem więc rodziców, czy mają pomysł, co jest genezą tego zachowania i od kiedy mają problemy wychowawcze. Rodzice odpowiedzieli, że nie mają pojęcia, wszystko do tej pory było dobrze. Odpowiedź mnie zaskoczyła, ponieważ spodziewałem się więcej informacji, które pozwolą mi ustalić rolę rodziców w zaistniałej sytuacji, jak również rolę zewnętrznego i wewnętrznego środowiska, kształtującego ich syna. Jednak rodzicie nie dostrzegali żadnych zaniedbań ze swojej strony, co więcej, z dużą siłą winę za zaistniałą sytuację obciążali kolegów, szkołę i trudny wiek. W tym momencie zdałem sobie sprawę, że by pomóc synowi, najpierw to rodzice powinni pozwolić sobie pomóc. Ponieważ rodzice nie czuli żadnej odpowiedzialności za zaistniałą sytuację, powstało pytanie, jak im pomóc? Bardzo często rodzicie obwiniają swoje dzieci o nieumiejętne i czasami wręcz bestialskie zachowanie, nie zdając sobie sprawy, dlaczego tak się dzieje. Jednak gdy dziecko wymyka się spod kontroli, to moment, gdy rodzicie ponoszą konsekwencje swoich zaniedbań wychowawczych i głupoty. Wszystko nabrało głębszego sensu, gdy poznałem córki. Dziewczynki były bardzo miłe, lecz trochę nieśmiałe. Moją uwagę zwróciło jednak co innego, co jednocześnie wywołało uczucie przykrości: trzynastolatki miały wielką nadwagę. „Do diabła, jak mogliście tak skrzywdzić swoje dzieci?" — pomyślałem. Córki nie były przedmiotem naszych rozmów, ponieważ ich problem nie dotyczył. Czy jednak na pewno? Nie chcę rozpisywać się o całej zaistniałej sytuacji i szczegółach naszej rozmowy, ponieważ to tajemnica. Przede wszystkim chcę zwrócić uwagę na problem i zrozumienie konsekwencji, które ponoszą rodzice. Po pierwsze — widzą tylko problem wychowawczy z piętnastoletnim synem, którego zachowanie wymyka się spod kontroli i staje się niebezpieczne dla niego samego i domowników. Po drugie — absolutnie nie widzą problemu w skrzywdzonych trzynastolatkach, których samoocena i zdrowie zostały zniszczone w najważniejszym momencie ich życia. Jednak by przyznać się do błędów wychowawczych wobec córek, rodzice musieliby przyznać, że stan fizyczny ich dzieci jest tylko i wyłącznie ich winą.

Uświadomienie sobie konsekwencji własnych działań i zdanie sobie sprawy przez rodziców, że skrzywdzili własne dzieci jest z pewnością bardzo trudne i niewygodne. Większość rodziców zwykle upatruje winy w czynnikach zewnętrznych, nie przyjmując odpowiedzialności za zaistniałą sytuację.

Podsumowanie

Piętnastoletni, zagubiony, z niskim poczuciem wartości chłopak, który zaczyna ponosić konsekwencje głupoty swoich rodziców. Dwie trzynastoletnie dziewczynki z potężną nadwagą, które również zaczną ponosić ciężkie konsekwencje takiego stanu rzeczy. Moje pytanie brzmi: Kto jest odpowiedzialny za taki stan rzeczy i jak można pomóc ludziom, którzy za swoje niepowodzenia obwiniają innych oraz własne dzieci? Jak można pomóc ludziom, którzy wierzą, że płukanie cukrem ust może poprawić kondycje zębów?

Z takimi sytuacjami zetknąłem się wielokrotnie, gdy rodzice byli już u wielu psychologów i nie mogli uzyskać żadnych pozytywnych rezultatów. Przez długi czas zastanawiałem się, w czym rzecz i dlaczego tak trudno jest pomóc tym trudnym dzieciom. Odpowiedź: Ponieważ ich rodzice są jeszcze trudniejsi, traktują swoje dzieci jak słodkie szczeniaczki, które gdy dorosną i sprawiają za dużo problemów, można wyrzucić lub oddać do schroniska. Tak samo właśnie dzieje się z młodymi ludźmi, nad którymi tracimy kontrolę. Wyrzucenie czy schronisko w tej sytuacji jest synonimem szukania zewnętrznej pomocy bez uświadomienia sobie własnej roli w powstaniu problemu. To trochę tak, jakby człowiek uzależniony od narkotyków pomagał innym wyjść z nałogu.

ROZDZIAŁ 11

NAWYKI RZĄDZĄ

Bardzo często, chcąc zapanować nad trudną sytuacją, wynikającą z problemów wychowawczych naszych dzieci, szukamy wskazówek i rad. Źródłami, z których pozyskujemy informacje, są najczęściej media społecznościowe, wśród których prym wiedzie Tik-Tok. Wystarczy wpisać w oknie wyszukiwarki nazwę problemu, który nas dotyczy, a otrzymamy szybko proste recepty. Jednak czy one naprawdę działają?

Wyobraźmy sobie osobę, która szuka w sieci porady, w jaki sposób zapanować nad agresywnie zachowującym się dzieckiem. Z pewnością przeczytamy informację o otwartym dialogu, zadawaniu pytań, słuchaniu, czy bezstresowym wychowaniu. Każde z tych zagadnień ma bardzo głęboki sens i faktycznie może działać, jednak by tak się stało, trzeba mieć szeroką wiedzę, silną psychikę oraz silną wolę.

By lepiej to zrozumieć, przenieśmy się do świata walki, a konkretnie boksu. Wyobraźcie sobie, że nagle waszym marzeniem jest zostać zawodnikiem boksu i stoczyć walkę. W celu przygotowania się do walki, oglądacie wiele filmików, które tłumaczą technikę zadawania ciosów i poruszanie się w ringu. Gdy czujecie, że macie już wystarczającą wiedzę, by zmierzyć się z prawdziwym przeciwnikiem, wychodzicie na ring. Jak myślicie, co by się stało? Oczywiście, osoba, która przygotowując się do walki, nabyła wiedzę w łatwy i wygodny sposób, na ringu zetknie się z brutalną rzeczywistością, w której straci zdrowie, a nawet życie. Podobnie oglądanie krótkich materiałów dostępnych w Internecie dostarczy pomysłu lub inspiracji, w którym kierunku zmierzać, jednak z pewnością nie rozwiąże naszego problemu.

Porównanie wychowania do walki bokserskiej ma jasny cel. By wygrać i zyskać szacunek naszego oponenta i ludzi, którzy nas obserwują, należy być prawdziwym autorytetem, który nie tylko wygłasza puste teorie i posługuje się nabytym przywództwem, lecz przede wszystkim jest inspiracją i wzorcem do naśladowania. Jednak by zyskać szacunek i zaangażowanie naszych dzieci, obejrzenie filmiku na Tik-Toku raczej nie wystarczy.

Powyżej wspomniałem o jednym rodzaju autorytetu, którym posługujemy się w większości przypadków, wchodząc w interakcje z naszymi dziećmi — autorytecie nabytym. Bardzo często wydaje się nam, że z racji zajmowanego stanowiska należy się nam bezwarunkowy szacunek.

Przenieśmy tę sytuację na scenę biznesu, gdzie ciężko pracujący człowiek, w pełni zaangażowany w swoją pracę, liczy na awans. Człowiek ten cieszy się dużym szacunkiem i sympatią kolegów, wszystko wskazuje na przyszły sukces, jednak kumoterstwo, nepotyzm i wewnętrzne układy biorą górę. Na lidera grupy zostaje wyznaczony najlepszy kolega głównego managera, który nie cieszy się popularnością wśród pracowników. Oczywiście ta osoba będzie cieszyła się autorytetem współpracowników, jednak będzie to autorytet nabyty, który jest niezwykle powierzchowny i niezwykle mało wydajny w zakresie motywacji, przywództwa czy w procesie wprowadzania zmian, ponieważ w przypadku autorytetu nabytego nie jesteśmy wzorcem, nie jesteśmy osobą zasługującą na szacunek, jesteśmy tylko mało efektownym figurantem.

Teraz wyobraźmy sobie, że awans otrzymuje osoba, która na to zasłużyła, która jest dla nas wzorcem, wsparciem i autorytetem oraz wzbudza prawdziwy szacunek. Z pewnością taki stan rzeczy w zupełnie inny sposób stymulowałby poziom motywacji, szybkości wdrażania zmian, jakości komunikacji czy kreatywności wśród zespołu. Tym właśnie różni się autorytet nabyty od wypracowanego. Niestety, większość rodziców bazuje na autorytecie nabytym, który stanowi, że szacunek należy mu się tylko i wyłącznie dlatego, że jest rodzicem. Tak było kiedyś w moim życiu, gdy niezwykle ciekawy twór osobowościowy, nazywający się moim ojcem, powiedział mi, że szacunek należy mu się za to, że mnie zrobił. Młodemu człowiekowi informacja ta wydawała się dość oczywista i prawdziwa. Jednak po latach życia w obłędzie wychowawczym udało mi się wypracować zupełnie inne rozumienie tego, czym może być i jest szacunek. Stwierdziłem, że mój własny ojciec każe mi być wdzięcznym za jedną z najbardziej przyjemnych chwil, jaką przeżył w swoim życiu, a następnie okazywać wdzięczność za to, że miałem zaszczyt zostać jego dzieckiem. To absurd, który również nazwany może być autorytetem nabytym.

Aby zainspirować, zaciekawić lub w przyjaźnie asertywny sposób wpłynąć na innych ludzi, a szczególnie na nasze dzieci, niezbędny jest autorytet wypracowany, o którym napiszę w dalszej części rozdziału.

Autorytet wypracowany

Gdy chodziłem do szkoły podstawowej, przeżyłem najgorszy czas w moim życiu. Nie mam żadnych miłych wspomnień z tamtego okresu. Byłem wycofany, miałem bardzo niską samoocenę i w żaden sposób nie potrafiłem bronić się przed ludźmi, którzy do cna eksploatowali moje słabości. Oczywiście osobą, która miała największy wpływ na kształtowanie mojej osobowości, był mój prawny opiekun, który bardzo skutecznie niszczył najważniejszy moment rozwoju w moim życiu. To, co dzieje się w domu, ma bezpośrednie przełożenie na to, co dzieje się poza nim. Mój bardzo ciemny kolor skóry, który w tamtych czasach był zaskoczeniem, dwa numery większe buty, by starczyły na dłużej, oraz głowa pełna wirusów, które cały czas uświadamiały mi, że do niczego się nie nadaję i w niczym nie jestem dobry, spowodowały, że byłem łatwym celem dla innych. Zatem w szkole spotkałem nowych oprawców, których pamiętam do dzisiaj z powodu tego, jak mnie traktowali. Bicie, przezwiska i plucie były na porządku dziennym. Bałem się chodzić do szkoły i bałem się chodzić do domu, a przecież powinny być to najbezpieczniejsze miejsca w życiu dziecka. By zyskać kontrolę i poczucie ulgi, w takich sytuacjach uciekałem się do samookaleczeń, a myśli samobójcze były na porządku dziennym. Tak właśnie wyglądało moje dzieciństwo. Dlaczego o tym piszę? Nie uważam, że znajdowałem się w najtrudniejszej sytuacji i nie oczekuję współczucia, czasy użalania się nad sobą bezpowrotnie minęły. Nastał czas mierzenia się z przeszłością, ponoszenie konsekwencji i próby stania się kimś, kim zawsze chciałem być. Jednak abym dotarł do tego punktu w życiu, wiele musiało się wydarzyć. I wydarzyło się...

Gdy chodziłem do siódmej klasy, pewnego wieczoru obejrzałem film „Rocky 1". Byłem w wielkim szoku obserwując, jak bohater z „nikogo" staje się „kimś". Wtedy tak naprawdę jeszcze nie wiedziałem, jak głęboki sens ma ten film. Za każdym razem, gdy ponownie go oglądam, odkrywam coś nowego, coś na czym warto się wzorować i być tego częścią. Jednak by dostrzec różne i głębokie wartości w filmie „Rocky 1" niezbędne są doświadczenia życiowe, ponieważ film ten doskonale porusza temat konsekwencji, miłości, zobowiązań, ciężkiej pracy czy tego, jak ważna jest rodzina. Wtedy jeszcze nie rozumiałem tych wartości a moim jedynym celem było stać się jak Rocky— ciężko trenującym bokserem, który będzie umiał się bronić i już nigdy nie pozwoli, by ktoś się nad nim pastwił. Mogę powiedzieć, że ten film w pewien sposób wpłynął na moje życie. Cel był jeden: postanowiłem zostać bokserem. Wzorując się na Rockym, zacząłem robić pompki, biegać i marzyłem o swojej pierwszej walce. Po ukończeniu szkoły podstawowej prawie codziennie jeździłem pociągiem z Wągrowca do Poznania na treningi bokserskie. Sam dojazd na salę zajmował mi około czterech godzin, a po półtoragodzinnym treningu wracałem znów cztery godziny. Po roku treningu stałem się innym człowiekiem, byłem całkiem dobrym bokserem, nawet zasłużyłem sobie na uznanie moich poznańskich kolegów, a zyskać taką aprobatę w tym gronie to wielki zaszczyt. Następnie pojawiły się medale na Mistrzostwach Polski i inne mniejsze czy większe sukcesy. Stałem się pewny siebie, jednak wciąż miałem bardzo niską samoocenę, a to jedno z najbardziej toksycznych połączeń, jakie może istnieć. Jednak o tym napiszę w dalszej części książki.

<u>Kochałem i kocham boks.</u>

Boks uratował mi życie i zakorzenił we mnie wartości, które w dalszej części mojego życia pomogły mi zrozumieć, czym jest własna samoocena, czym jest prawdziwe poczucie spełnienia, jak działa i czym jest silna wola. Ta świadomość pozwala mi teraz na swobodną komunikację z młodymi, często bardzo skrzywdzonymi i niezwykle trudnymi ludźmi. Gdy nauczyciele opowiadają mi o problemowym zachowaniu swoich uczniów lub gdy rodzice mówią o sytuacjach, w których nie są w stanie zapanować nad dzieckiem, które ma dziesięć, dwanaście lub piętnaście lat, wtedy zadaję sobie pytania: Jak to możliwe? Dlaczego dorosła osoba, z głębokim doświadczeniem życiowym, nie ma dość siły, by w umiejętny i asertywny sposób zapanować nad sytuacją? Czy proste rady internetowych wychowawców nie wystarczą? Czy zgłębianie tajemnej wiedzy na Tik-Toku pozwoli na wychowanie wielkiego człowieka? Podpowiem: absolutnie nie wystarczy.

By móc wpłynąć na młodą osobę, trzeba mieć charyzmę, wysoką samoocenę i kształtować swoją silną wolę. Również trzeba dążyć do momentów, gdy możemy odczuwać prawdziwe poczucie spełnienia, które jest jedną z największych wartości w naszym życiu. A wszystko to, by mieć jasny, ciepły i silny charakter, który będzie prawdziwym wzorcem oraz inspiracją dla ludzi wokół nas, a szczególnie naszych dzieci. Jednak jest to trudna i wyboista droga, która wymaga od nas poświęcenia i charyzmy. Nim zaczniemy wymagać od innych, najpierw musimy wymagać od siebie.

Siła woli

Bardzo długo nie wiedziałem, czym jest siła woli i dlaczego jest tak ważna, aż do momentu, kiedy przeczytałem bardzo ciekawą książkę zatytułowaną „Siła nawyku" (The Power of Habit), napisaną przez Charles Duhigg. Doznałem wtedy życiowego olśnienia, ponieważ zrozumiałem, jak nawyki kształtują nasze życie.

Jak tak prosty, niepozorny twór jak nawyk, który również można nazwać uzależnieniem, może mieć tak wielki wpływ na nasze życie? By odpowiedzieć na to pytanie, przede wszystkim należy określić, czym jest nawyk. Otóż składa się on z trzech głównych elementów:

- wskazówka – chęć zrobienia
- zwyczaj – zrobienie
- nagroda – poczucie spełnienia

Ilustracja 11. Sukces wymaga wysiłku, zorganizowania i silnej woli, ale

efekt końcowy, jaki otrzymujemy jest nieoceniony.

Wszystko co widzimy powyżej, to wyrafinowana wiedza zawierająca się w prostej formie, posiadająca niezwykłą siłę tworzenia lub niszczenia. Zatem wyjaśnijmy krótko, jak powyższa wiedza znalazła zastosowanie w fałszywym marketingu, którego celem jest manipulacja i wdrożenie w życie ludzi niszczących uzależnień, które przy okazji generują potężne zyski. Weźmy jako przykład omówione już wcześniej reklamy jednego z najbardziej destrukcyjnych narkotyków, jakim jest alkohol.

● Wskazówka

By wyrobić w ludziach podświadomą chęć korzystania z alkoholu, trzeba w ich głowach zainstalować podprogową informację na temat tego, jak alkohol może im pomóc i uatrakcyjnić ich życie. Dlatego w reklamach jednego z najbardziej uzależniających narkotyków widzimy piękne miejsca, pięknych ludzi, którzy w cudowny sposób spędzają czas, spożywając wspólnie alkohol.

To jest właśnie moment, gdy w głowie człowieka wzbudza się bodziec zwany „wskazówką", inicjujący chęć wykonania pewnej czynności, której celem jest przekonanie ludzi, że picie alkoholu zmieni ich życie a zmieni na pewno. Zatem „wskazówka", czyli pierwszy składnik nawyku ma na celu zainicjowanie drugiego kroku, którym jest...

● Zwyczaj

Gdy padamy ofiarą fałszywego marketingu, dostajemy jasne rozwiązanie naszego problemu: by lepiej się poczuć i stać się częścią wykwintnego towarzystwa, należy dokonać konsumpcji reklamowanego produktu, który pozwoli Ci osiągnąć prawdziwy potencjał. Ten drugi krok nieuchronnie prowadzi do ostatniego etapu nawyku, którym jest nagroda.

●Nagroda

Gdy już zostałeś zauroczony wizją picia alkoholu, gdy zostałeś przekonany, że aby być częścią elitarnego stylu życia, należy ćpać, to czas na nagrodę. A nagrodę otrzymujemy w postaci łatwego nawiązywania relacji z innymi ludźmi, wybitnej pewności siebie a wszystko to podsumowuje niezwykle sugestywny slogan reklamowy, który np. brzmi „zostać legendą".

Powyższy opis funkcjonowania siły nawyku w fałszywym marketingu możemy zaobserwować w wielu przekazach marketingowych, których celem jest promowanie śmieciowego jedzenia, narkotycznego sposobu spędzania czasu, czy wyrabianie fałszywej świadomości na temat działania narkotyków.

Jak to wygląda w praktyce?

Młody człowiek, który zaniedbał najważniejszy moment swojego życia, zaczyna być dorosłym. Nagle okazuje się, że nie ma on żadnej siły przebicia a ludzie wokół niego ignorują go i nie dostrzegają w nim żadnej wartości. Zatem co zrobić, by się poczuć lepiej, by podnieść poziom swojej samooceny? Odpowiedź znamy, została już w nas zakodowana:

Wskazówka: W obliczu problemu, by się rozluźnić i by zostać częścią elity, młody człowiek idzie kupić narkotyki.

Zwyczaj: Po dokonaniu zakupu, młody człowiek przeprowadza konsumpcję, która finalnie prowadzi go do ostatniego etapu nawyku, którym jest nagroda.

Nagroda: Stan upojenia alkoholowego.

Taki sposób programowania ludzi występuje niemal w każdej dziedzinie naszego życia, gdzie inspiruje się ludzi, że aby osiągnąć szczęście, trzeba robić wszystko to, co tego szczęścia pozbawia. Złe nawyki opisane powyżej nie tylko okłamują, lecz przede wszystkim pozbawiają nas silnej woli. Czy aby spędzić godziny na graniu, zajadać się śmieciowym jedzeniem, przeglądać godzinami telefon, wciągnąć kreskę lub wypić parę głębszych, wymagana jest silna wola? Czy silnej woli wymaga pastwienie się nad słabszymi ludźmi lub zapalenie kolejnego papierosa? Oczywiście odpowiedź na powyższe pytania brzmi „nie". Rolą złych nawyków jest uzależnienie nas od pozornego poczucia spełnienia i kontroli. Ich rolą również jest dostarczenie nam fałszywego poczucia własnej samooceny. To wszystko w niezwykle efektowny sposób pozbawia nas silnej woli i czyni nas ludźmi słabymi, którzy stymulują swoją wewnętrzną wartość jak ćpuny, czyli osoby uzależnione.

Czy posiadasz silną wolę?

To bardzo ważne pytanie, ponieważ jeśli chcesz być rodzicem, który ma siłę wpływu i perswazji, niezbędna jest Ci siła woli, by zapanować nad trudnymi sytuacjami i ludźmi. To ważne, by zacząć myśleć o tym, jakie nawyki kształtują nasze życie, ponieważ to one przede wszystkim wpływają na to, kim się stajemy w sensie psychicznym i fizycznym. Siła fizyczna i psychiczna jest niezbędna do tworzenia autorytetu wypracowanego, opisanego w poprzednim rozdziale. Jednak by móc zapanować nad przyszłością naszych dzieci, przede wszystkim musimy być wzorcem do naśladowania, który wzbudza pozytywny respekt i uczucie prawdziwej miłości. Jak to zrobić? Tylko poprzez ciężką pracę oraz inwestycje w siebie, co zostanie omówione w kolejnym rozdziale.

ROZDZIAŁ 12

JAK ZOSTAĆ

WZORCEM I SILNYM RODZICEM

By mieć możliwość efektywnego komunikowania się z naszym dzieckiem, przede wszystkim powinniśmy być wzorem do naśladowania. Bardzo często wymagamy od dzieci rzeczy, których sami nie robimy. Na przykład chcemy, aby dziecko mniej czasu spędzało przed komputerem, jednak sami to robimy i nasza postawa wcale nie różni się od postawy dziecka, zatem nasza prośba jest absolutnie niczym nieuzasadniona.

Przytoczę pewien eksperyment, przedstawiony w książce Roberta Cialdini pt. „Wywieranie wpływu na ludzi", który dotyczył drobnych próśb. Uczestników eksperymentu poproszono, by mimo długiej kolejki spróbowali dostać się do kserokopiarki bez czekania.

<u>Przykład 1. Czy, nie czekając w kolejce, mogę skorzystać z ksero?</u>

Grupa uczestników, która prosiła o szybkie udostępnienie ksero bez żadnego wyraźnego powodu, spotkała się z bardzo dużą liczbą odrzuconych próśb.

<u>Przykład 2. Przepraszam, czy mogę skorzystać z ksero, ponieważ bardzo spieszę się na autobus?</u>

Grupa, która warunkowała swoją prośbę wiarygodną przyczyną, uzyskała 60% więcej pozytywnych odpowiedzi.

Powyższa wiedza wydaje się w swej naturze dość prosta, jednak bardzo często jest pomijana. Autokratyczne zapędy wielu rodziców skutkują w wypowiedziach typu:

- Rób, jak mówię i nie dyskutuj.

- Nie zadawaj żadnych pytań.

- Jesteś dzieckiem, nie musisz wiedzieć.

- Masz to zrobić, bo tobie każę i tyle.

Przykładowe wypowiedzi pokazują nieempatyczny sposób komunikacji, którego głównym celem jest stymulacja pustego ego rodzica, a nie chęć wzbudzania prawdziwej motywacji i tworzenia przyjacielskiej relacji. Gdy kogoś o coś prosimy, bardzo ważne jest szczere podanie przyczyny, z wielką dbałością o umiejętną mowę ciała, która wzmaga zaangażowanie i obdarza naszego rozmówcę poczuciem komfortu i szacunku. Następnym razem, gdy będziesz prosił o coś swoją bliską osobę, najpierw w wyraźny sposób uwarunkuj przyczyny oraz cele swojej prośby. Poniżej przykład.

●Słuchaj, chciałbym z tobą porozmawiać, ponieważ ostatnio zauważyłem, że coraz mniej czasu poświęcasz na naukę. Czy mógłbyś mi powiedzieć, dlaczego tak jest? (wyjaśnienie dziecka). Chciałbym Cię prosić o coś ważnego, a mianowicie abyś bardziej interesował się nauką. Jednak nim to zrobię, co Ty na to, bym Ci powiedział, dlaczego to jest tak ważne?

Oczywiście moglibyśmy to zrobić w zupełnie odmiennym tonie. Poniżej przykład.

●Twoje wyniki w nauce są żenujące, od dzisiaj masz się wziąć do nauki albo do niczego w życiu nie dojdziesz. Co więcej, dostaniesz karę.

Przykłady ukazują moc empatycznej komunikacji, której celem jest okazanie zainteresowania i zrozumienia naszemu rozmówcy. Jednak to może być zbyt mało, by w odpowiedni sposób wpłynąć na bliskie nam osoby.

Umiejętne komunikowanie naszych potrzeb względem innych ludzi, które zostało opisane powyżej, jest bezwzględnie ważne, jednak równie ważna, jeśli nie ważniejsza, jest siła autorytetu, również opisana w książce Roberta Cialdani, którą omówimy w dalszej części tego rozdziału.

Siła autorytetu

Eksperyment został przeprowadzony z udziałem aktora, który przybierał różne postacie, by w różny sposób wpływać na uczestników doświadczenia. W pierwszym wariancie aktor był przebrany za osobę bezdomną, stojącą przed przejściem dla pieszych w grupie ludzi. Nagle bezdomny łamie zasady i przechodzi na czerwonym świetle. W drugim wariancie ten sam aktor, tym razem przebrany za niezwykle atrakcyjnie wyglądającego biznesmena, stoi przed pasami w otoczeniu innych ludzi i również przechodzi ma czerwonym świetle. Co się wydarzyło w tym eksperymencie? W pierwszym wariancie nikt nie podążył za bezdomnym. Z kolei w drugim wariancie blisko 80% nieświadomych uczestników doświadczenia podążyło za elegancko ubranym mężczyzną. A przecież był to ten sam człowiek w dwóch różnych, powierzchownych wersjach. Ten eksperyment ukazuje właśnie siłę autorytetu, która bardzo często również wykorzystywana jest przez oszustów, przebierających się za policjantów lub urzędników państwowych po to, by wzbudzić pełne zaufanie i ograbić swoją ofiarę. Przestępcy posługują się tą regułą, ponieważ jest niezwykle skuteczna. I to jest reguła, którą rodzice w wychowaniu dzieci również powinni bezwzględnie stosować. Proszę, tylko nie posądź mnie o promowanie mafijnej wiedzy — to, że robią tak ludzie nieuczciwi, jest haniebne. Jak widzimy, autorytet może być fałszywy lub prawdziwy, a naszym celem jest omówienie oraz wzbudzenie prawdziwego autorytetu.

Człowiek, który posiada autorytet wypracowany, z pewnością powinien mieć wysoki poziom silnej woli i wysoki poziom samooceny. Taki stan osobowości pozwala na wykształcenie silnego charakteru, który objawia się w pozytywnej asertywności, balansie emocjonalnym i umiejętnym odczytywaniu emocji oraz uczuć innych ludzi. Innymi słowy, człowiek, który stanowi prawdziwy, pozytywny autorytet, to człowiek, który dba o stan swojego ducha i ciała. Jedną z głównych funkcji każdego rodzica jest bycie autorytetem. Pytanie: Czy jesteś pozytywnym i silnym autorytetem dla swojego dziecka?

Bardzo często pytam młodzież, czy wiedzą, czym jest autorytet i czy mają jakiś w swoim życiu. Rzadko się zdarza, by młodzież miała jakiś prawdziwy i ciekawy autorytet, a jeszcze rzadziej zdarza się, by to rodzic był autorytetem dla dziecka, co stanowi przykrą informację. Pytam więc Ciebie: Czy chcesz być autorytetem dla swojego dziecka? Autorytetem wyposażonym w silną psychikę i umiejętności opanowywania nawet najtrudniejszych sytuacji? Jeśli odpowiedź brzmi „tak", zapraszam do następnej części rozdziału. Ostrzegam jednak: wiedza ta jest dla najbardziej ambitnych opiekunów, wyznających doktrynę, że wszystko, co piękne, jest również trudne.

Siła nawyku w kształtowaniu autorytetu

Jak możemy kształtować silną osobowość, która pozwoli nam na rzetelne i prawdziwe interakcje z naszymi dziećmi? Zanim jednak odpowiemy na to pytanie, musimy również wiedzieć, jaki jest cel rozważań w tym rozdziale.

Na początku tej książki porównywaliśmy wychowanie dziecka do pędzącego auta z wielką mocą po oblodzonej powierzchni. Taka sytuacja może się wydarzyć, jeśli wychowujesz dziecko na autopilocie, bez świadomości przyszłych konsekwencji. Nagle możesz znaleźć się w sytuacji, gdy Twoje dziecko nie ma dla Ciebie szacunku, a jego zachowanie względem Ciebie i innych wyraża się w bardzo agresywnym i nieempatycznym tonie. Również czujesz, że nie masz żadnej możliwości wpływu na decyzje swojego dziecka, czujesz, że nie masz żadnego autorytetu. Co wtedy robić, by być w stanie uratować swoje dziecko? Jedyna właściwa odpowiedź brzmi: by pomóc komuś, najpierw pomóż sobie. Nie uratujesz tonącej osoby, nie umiejąc pływać.

Aby wykształcić wysoką samoocenę poprzez doświadczanie prawdziwego poczucia spełnienia, niezbędne jest trenowanie silnej woli. W obrazowy sposób przedstawia to grafika:

Silna Wola + Prawdziwe Poczucie Spełnienia = Wysoka Samoocena i Silny Charakter

Powyższy wzór pokazuje, jak należy działać, by w efekcie stać się niezachwianym wzorcem, mającym silny ` i pozytywny wpływ na własne dzieci. Jednak co robić, jak działać, by stać się silnym psychicznie wzorcem? Przede wszystkim powinniśmy skończyć ze złymi nawykami, dotyczącymi wszelkiego rodzaju używek, śmieciowego jedzenia czy formy spędzania czasu. Chcemy tego czy nie, jesteśmy wzorcem lub anty wzorcem dla swojego dziecka, które w bardziej lub mniej świadomy sposób czerpie wartości z naszego zachowania. Jednak nawyki kontrolują nasze życie i są bezpośrednio odpowiedzialne za strukturyzację czasu w naszym życiu. Innymi słowy, nawyki tworzą i mają bezpośredni wpływ na nasze życie i ludzi wokół nas. Załóżmy, że jeden z czytelników po przeczytaniu tej książki postanowi, że rzuci palenie, co skutecznie mu się uda. Jednak po zaprzestaniu palenia pozostaje luka i potrzeba wdrożenia nowego nawyku, który zastąpi stary, więc osoba ta po rzuceniu palenia zaczyna sukcesywnie zajadać się, aby zaspokoić chęć zapalenia. Co się stało? Sztuką nie jest zastąpienie złego nawyku złym nawykiem, sztuką jest zastąpienie złego nawyku dobrym.

Przejdźmy więc do sztuki zastąpienia złego nawyku dobrym. Osoba, która porzuciła zły nawyk, ma świadomość, że należy wypełnić lukę i zły nawyk chce zastąpić dobrym. Marzeniem tej osoby zawsze było dbanie o kondycję fizyczną i obiecała sobie, że gdy porzuci palenie, zacznie ćwiczyć.

Wyznaczyła sobie cel (nowy nawyk), że raz w tygodniu przed pracą, o siódmej rano wstanie i będzie próbować biegać przez godzinę. Nadchodzi ten dzień, jest jeszcze ciemno, a za oknem termometr wskazuje temperaturę minusową. Jak myślicie, będzie łatwo wyjść spod ciepłej pierzynki? Tylko nielicznym się to udaje. Jednak jesteś zdeterminowany i zmotywowany, by stać się kimś wyjątkowym dla siebie i swojego dziecka, więc pomimo wszystkich przeciwności wstajesz, ubierasz się w dres i idziesz biegać.Po godzinie wracasz niesamowicie zmęczony. Moje pytanie brzmi: Jak czujesz się mimo tego, że doświadczyłeś wielkiego dyskomfortu i zmęczenia? Gdy zadaję ludziom to pytanie, odpowiadają, że czuliby się dumni i spełnieni. Dlaczego właśnie tak by się czuli?

Po pierwsze — byłeś w stanie doświadczyć unikalnego poczucia kształtowania swojej woli. W tym przypadku silnej woli, która poprzez Twoje zaangażowanie i niezachwianą motywację się wzmocniła. Pamiętaj, ćwiczenie silnej woli jest jak ćwiczenie mięśni, bez bólu się nie obejdzie.

Po drugie — doświadczyłeś prawdziwego poczucia spełnienia. To nie jest wciągnięcie kreski, wypicie paru głębszych czy przejście żałosnej gry, bo takie nawyki w narkotyczny sposób stymulują pracę naszego mózgu i niszczą nas.

Ty zrobiłeś coś zupełnie przeciwnego: wstałeś, przełamałeś swoją wolę i osiągnąłeś swój cel, czujesz się dumny z siebie i spełniony. Osiągnąłeś to zaangażowaniem i ciężką pracą, stając się powoli wzorcem i inspiracją dla ludzi, których kochasz. Jeśli przełamałeś swoją wolę i doświadczyłeś prawdziwego poczucia spełnienia, to również byłeś w stanie stymulować faktyczny i prawdziwy wzrost samooceny, co w przyszłości będzie formowało w Tobie silne i prawdziwe poczucie pewności siebie.

A to tylko jeden dobry nawyk, który ma moc zmieniania Twojego życia. Tylko należy pamiętać, że kultywując dobry nawyk, należy być nieustępliwym względem siebie. Jeśli mamy wyznaczony termin i godzinę, za wszelką cenę trzymamy się ich i nie szukamy żadnych wymówek. Jedynymi przyczynami, przez które moglibyśmy zaprzestać rozwijania swojego nowego nawyku, mogłyby być najwyżej zbombardowanie miasta i czterdziestostopniowa gorączka. Oczywiście być może ująłem to w zbyt przesadny sposób, jednak kształtowane silnej woli poprzez nowy nawyk wymaga poświęcenia.

Teraz wyobraź sobie, że ludzie Ci bliscy obserwują Cię i widzą człowieka pełnego pasji i poświęcenia, który przestał palić i zaczyna ćwiczyć. Jak myślisz, kim staniesz się dla tych ludzi, jak zaczną o Tobie myśleć i jak Cię traktować? Jednak jeszcze ważniejsze jest to, co Ty zaczniesz myśleć o sobie i jaki wpływ taki sposób działania będzie miał na Twoje umiejętności przywódcze. Ponieważ rodzic wyznacza kierunek, inspiruje, jak również zaprasza dzieci na świat, to musi być doskonałym liderem, który zdaje sobie sprawę z konsekwencji oraz powagi swojej misji. Innymi słowy, rodzic musi być przywódcą, który stanowi prawdziwy autorytet, za którym chcą podążać inni, a szczególnie jego dzieci.

Więcej możliwości

Powyżej został udostępniony jeden przykład formowania dobrych nawyków, które z kolei są podstawą niezachwianej i wpływowej osobowości, mającej swoje fundamenty w sile woli, poczuciu spełnienia, pewności siebie i wysokiej samoocenie. Jednak sposobów na kształtowanie dobrych nawyków jest więcej. Nie musi to być bieganie o szóstej lub siódmej rano, możemy dokonać mniej wymagających wyborów, by zacząć kształtować umiejętności, które pozwolą nam stać się lepszym człowiekiem, a przy tym bardziej efektywnym rodzicem. Możemy zacząć od mniej inwazyjnych strategii rozwoju osobowości, którymi są:

- zdrowe odżywianie,
- długie spacery,
- czytanie książek,
- rozwój intelektualny (nauka nowej wiedzy lub języków),
- trening na siłowni,
- trening w domu,
- odnowa biologiczna (sauna),
- nauka nowej dyscypliny sportu,
- rozwijanie pasji,
- medytacja,
- jazda na rowerze,
- poznawanie nowych ludzi,
- rozmowy z dziećmi.

Powyższe przykłady ukazują wiele różnych form aktywności intelektualnych i fizycznych, które mogą stać się częścią naszego życia. Należy pamiętać, że kształtując nowy nawyk, musimy się wykazać bezwzględnym zaangażowaniem. Nie oznacza to jednak, że mamy sobie nagle wyznaczyć wielkie cele, wręcz przeciwnie. Ustalamy jeden niezbyt wygórowany cel, np. uczęszczanie na siłownię raz w tygodniu. Jednak dla wielu ludzi okazać może się to niezwykle trudne, co również świadczy o skuteczności tego sposobu działania. Jeśli się przełamiesz, jeśli zdecydujesz, że chcesz być lepszym człowiekiem dla siebie i innych, to z pewnością ten sposób działania przyniesie Ci wielkie efekty. Następną zaletą takiego postępowania jest możliwość zainteresowania dzieci Twoją nową pasją. Zamiast wygłaszać puste, niczym niepoparte rady, możesz stać się autorytetem, który wspólnie ze swoim dzieckiem będzie osiągał nowe cele.

Teraz wyobraź sobie, że z dzieckiem łączy Cię pasja, która pozwala Wam na zupełnie nowy sposób interakcji, mający wielki wpływ na to, jak postrzegają Cię własne dzieci i kim staną się dzięki Tobie.

Możesz również niczym diler narkotykowy wychowywać swoje dzieci na bezstresowym autopilocie, co finalnie doprowadzi do tragedii.

Bezstresowe VS Inspiracyjne

Jednym z popularniejszych systemów wychowania wśród nowoczesnych rodziców jest tak zwane „bezstresowe wychowanie". Takie wychowanie można porównać do szeroko teraz promowanych w Internecie aplikacji, które dziennie zarabiają dla Ciebie 1000 euro, a Ty nic nie musisz robić.

Ludzka próżność i głupota uwielbiają takie rozwiązania. Tak samo dzieje się w przypadku niezwykle popularnego produktu pod nazwą „bezstresowe wychowanie".

Opiera się ono na braku ponoszenia jakichkolwiek konsekwencji, ponieważ ideą tego wychowania jest pozwalanie dzieciom na robienie tego, co uważają za stosowne, a rodzic przyjmuje tylko pozycję obserwatora, który potem bardzo często staje się ofiarą. Co za absurd, co za głupota ten „cudowny produkt": nic nie rób, a wszystko zrobi się samo. Już wielokrotnie byłem świadkiem sytuacji, gdy ledwie piętnastoletnie dziecko paliło papierosy w towarzystwie swoich rodziców. Gdy zapytałem, dlaczego tak się dzieje, odpowiedzieli mi, że preferują bezstresowe wychowanie.

Jak leniwym, próżnym i naiwnym człowiekiem trzeba być, aby w coś takiego uwierzyć. Młodzi ludzie potrzebują inspiracji, wsparcia oraz wzorców, również niezbędne jest poczucie konsekwencji, które jest bezwzględnie ważne w procesie wychowawczym, co zostanie omówione w następnym rozdziale.

ROZDZIAŁ 13

WYCHOWANIE INSPIRACYJNE
W POCZUCIU KONSEKWENCJI

Tę część zaczniemy od cytatu Michaela Hopf`a, który doskonale nawiązuje… No właśnie, do czego? Proszę, wróć do poniższego cytatu, gdy zakończysz ten rozdział i zastanów się, jaką wartość mają dla Ciebie te słowa.

„Trudne czasy tworzą silnych ludzi, silni ludzie tworzą dobre czasy, dobre czasy tworzą słabych ludzi, a słabi ludzie tworzą trudne czasy".

To, kim się stajemy, przede wszystkim uwarunkowane jest tym, od kogo czerpiemy wzorce, co doskonale symbolizuje stare powiedzenie „Z kim przystajesz, takim się stajesz". Posunę się do bardzo odważnego wniosku, że osobowość, rozwój psychiczny i fizyczny przede wszystkim uwarunkowane są wzorcami, które dzieci czerpią od rodziców.

<u>Zatem kieruję do Ciebie pytania:</u>

Jakie wzorce czerpią od Ciebie Twoje dzieci?

Jeśli dzieci nie czerpią odpowiednich wzorców od Ciebie, to od kogo je czerpią i jaki wpływ będzie to miało na ich przyszłość?

Jeśli chcesz walczyć o przyszłość swoich dzieci, to musisz być dla nich wzorcem i autorytetem, zatem jeśli jeszcze nim nie jesteś, co stoi na przeszkodzie, byś nim się stał?

Wszystko, co teraz Twoje dziecko sobą reprezentuje, jest bezwzględnie wynikiem Twojej pracy i jeśli kogokolwiek chcesz oskarżać o fatalną kondycję fizyczną, intelektualną i psychiczną swojego dziecka, to możesz winić tylko siebie.

Jeśli jesteś w stanie przyjąć konsekwencje swojego niewłaściwego zachowania, to również jesteś w stanie zmienić rzeczywistość własnego dziecka. Jeśli chcesz, by Twoje dziecko nie straciło najważniejszego momentu w swoim życiu, to musisz wykazać się poświęceniem. Załóżmy, że chciałbyś, by Twoje dziecko zainteresowało się sportem. Oczywiście możesz mu powiedzieć, że ma zacząć ćwiczyć, ale czy to wystarczy? Być może w niektórych przypadkach tak. Jednak by wzbudzić ciekawość i zaangażowanie dziecka, powinieneś stać się wzorcem do naśladowania.

Co możesz zrobić? Zwyczajnie zacząć ćwiczyć, przy okazji angażując w to swoje dziecko. To może być siłownia, bieganie czy sztuki walki, możliwości jest naprawdę wiele. Teraz wyobraź sobie, że dziecko widzi rodzica, który inwestuje w swój rozwój fizyczny, a przy tym stara się zachęcić i zainspirować je do takich samych działań.

Powstaje zupełnie nowa płaszczyzna komunikacyjna i zupełnie nowe środowisko, które wypełnione jest trudnościami, wsparciem, współpracą oraz wyrzeczeniami. W życiu młodego człowieka pojawiają się bodźce, które kształtują jego osobowość i charakter, warunkujące to, kim ten młody człowiek stanie się w dalszej perspektywie. Kiedyś mój trener boksu powiedział mi, że „ciężkie warunki kształtują charakter".

Oczywiście nie chciałbym, by te słowa zostały odebrane w niewłaściwy sposób. Rzecz w tym, by stworzyć warunki rozwoju dla dziecka, które będą stymulowały jego rozwój w przyjaźnie asertywny sposób. Jednak wszystko to musi wydarzyć się w pełniej symbiozie i możliwości dokonania wolnego wyboru przez dziecko.

Ilustracja 12. Jako rodzic zastanów się, jakie wartości chcesz przekazać swojemu dziecku.

Gdy mierzyłem się z problemem, który miał Marcel, za wszelką cenę chciałem mu pomóc, jednak jak pomóc osobie, która nie ma świadomości tego, czym są konsekwencje. Zatem co zrobiłem? Oczywiście omówione to zostało w jednym z wcześniejszych rozdziałów, gdy przedstawiłem różne formy prowadzenia dialogu, których celem było wzbudzenie w dziecku poczucia konsekwencji i odpowiedzialności za swoje czyny.

I to właśnie zrobiłem: zakomunikowałem młodemu człowiekowi, że nadszedł czas na dokonanie wyboru, że nadszedł czas na zmiany, jak również nadszedł czas na zaangażowanie i poświecenie z mojej strony. Postanowiłem być przykładem do naśladowania, który nie rzuca tylko pustych słów, lecz działa.

Postawiłem jasne warunki, jednak dałem możliwość dokonania swobodnego wyboru i zapewniłem bezwzględne wsparcie.

Jeśli chcesz, by Twoje dziecko stało się kimś niezależnym,

silnym i kiedyś także wsparciem dla Ciebie, to wychowanie w duchu poczucia konsekwencji oraz inspiracji powinno stać się Twoim życiowym celem. Jeśli jednak sądzisz, że bezstresowe wychowanie pomoże Ci w ukształtowaniu szczęśliwego człowieka, to raczej w tym momencie myślisz o własnym komforcie i jesteś zwyczajnym egoistą, który kiedyś prawdopodobnie poniesie daleko idące konsekwencje.

Sam wybierzesz, czy będziesz wychowywał dziecko na autopilocie, czy też będzie to sterowanie ręczne, które wymaga poświęcenia, charyzmy, prawdziwego poczucia spełnienia i wysokiej samooceny. Bezstresowe wychowanie dla kogo? Dla Ciebie czy Twojego dziecka? Tutaj nie ma drogi na skróty!

ROZDZIAŁ 14

WYCHOWANIE PRZEZ SPORT

Deprawacja emocjonalna i sensoryczna jest wynikiem złych nawyków i uzależnień, które uwsteczniają ludzi, a szczególnie dzieci i młodzież, pod kątem emocjonalnym, fizycznym i psychicznym w najważniejszym momencie rozwoju ich życia. Następstwem takiego stanu rzeczy są daleko idące konsekwencje, które powodują, że człowiek staje się niezdolny do podjęcia pracy czy nawiązania relacji z innymi ludźmi.

Konsekwencją może być również samobójstwo lub samookaleczenie, w czym Polska wiedzie niechlubny prym na arenie europejskiej i światowej.

Dlaczego tak się dzieje? Ponieważ współczesna młodzież od najmłodszych lat zachęcana jest do aktywności, które stymulują pracę mózgu jak narkotyki. Temat nowoczesnych narkotyków, który został już szeroko omówiony na łamach tej książki, pozbawia dzieci możliwości rozwinięcia silnej woli, będącej niezbędnym fundamentem kształtowania wysokiej samooceny. Tak właśnie narkotyki niszczą młodych w obecności rodziców, którzy bez poczucia konsekwencji wychowują swoje dzieci na autopilocie, myśląc bardziej o swoim komforcie niż o przyszłości swoich podopiecznych.

Być może teraz doświadczasz wygód i swobody, gdy Twoje dziecko siedzi zamknięte na haju w swoim pokoju. Jednak możesz być pewny, że czas konsekwencji nadejdzie. Pamiętaj również, że nie możesz liczyć na naszych archaicznych, zacofanych i egocentrycznych polityków, w których interesie jest ogłupianie Twoich dzieci i ukrywanie drastycznej prawdy przed Tobą.

Ty jesteś odpowiedzialny, wszystko w Twoich rękach,

by zapewnić dobry start i przyszłość własnym dzieciom. By to uczynić, nie musisz być bogaty, choć wielu tak sądzi. Najważniejsze jest to, abyś był bogaty duchem, byś był osobą zaangażowaną, która zdaje sobie sprawę z konsekwencji. Zatem co zrobić?

Wychowanie przez sport

Sport jest nieodzowną częścią rozwoju emocjonalnego, fizycznego i psychicznego każdego dziecka, o czym świadczy stare przysłowie, z którym się w pełni zgadzam: „W zdrowym ciele zdrowy duch". Twoją rolą jako rodzica jest zadbanie, by dziecko wychowało się w duchu tego starego, lecz jakże aktualnego przesłania.

Czy to robisz? Jeśli nie, to znaczy, że tak naprawdę nie angażujesz się w rozwój swojego dziecka. Twoim zadaniem jest zachęcenie dziecka do uprawiania sportu. Oczywiście uczynić to musisz w sposób odpowiedni, bo sposób rozmowy, odpowiednie pytania i cierpliwość mają kluczowe znaczenie.

Gdy ja starałem się zachęcić Marcela do sportu, wszystko odbywało się metodą prób i błędów. Najpierw zaproponowałem boks. Szybko okazało się, że boks nie jest dyscypliną, w której mój podopieczny mógł się zakochać. Oczywiście byłem w stanie to zrozumieć i dać mu przestrzeń wyboru i podjęcia nowych prób znalezienia dyscypliny sportu, którą pokocha. Teraz jest to siłownia, ping-pong, deskorolka i zdrowe odżywianie. Muszę przyznać, że aby doprowadzić do takiego stanu rzeczy, musiałem wykazać się prawdziwą determinacją i zaangażowaniem, nic nie przyszło samo z siebie. Wychowywałem Marcela w poczuciu inspiracji i konsekwencji, skutecznie odrzucając chore (choć przyjemne) zasady bezstresowego wychowania, które jest wygodne dla rodziców wierzących, że zabieranie dzieci do McDonald's jest zdrowe, choć dostarczające fałszywego poczucia spełnienia.

Gdy pierwszy raz zabrałem Marcela na siłownię, a miał

wtedy 13 lat, okazało się, że jest za młody, by tam wejść. Byłem w szoku. No dobrze, możesz chodzić do fast-foodów, które krzywdzą i zabijają największą liczbę ludzi na świecie, możesz godzinami grać, mieć dostęp do patostreamerów, pornografii, możesz godzinami przesiadywać na platformach streamingowych, możesz oglądać największe autorytety tego świata promujące śmierdzący i fałszywy marketing, możesz przesiadywać całymi dniami w mediach społecznościowych, których treści i działanie są niezwykle szkodliwe, to wszystko możesz robić. Ale na siłownię wejść nie możesz! Co za utopia, głupota i brak wyobraźni. Kto to wymyślił? Dlaczego nikt nic z tym nie robi? Nie poddałem się jednak zacząłem zabiegać o spotkanie z menadżerem i po długich rozmowach ustaliliśmy, że Marcel będzie mógł korzystać z siłowni, ale tylko w mojej obecności. Super! Jeśli chcesz walczyć o swoje dziecko, to nie możesz się poddać i jeśli ktoś ci mówi, że Twoje dziecko jest zbyt małe, by wejść w świat sportu, to się z tym nie zgadzaj, tylko walcz. Oczywiście w bardzo umiejętny i wyważony sposób.

Sport kształtuje charakter, pozwala nawiązać nowe relacje oraz wychowuje w poczuciu zdrowej konkurencji. Dostarcza prawdziwego poczucia spełnienia, a następnie w pozytywny sposób kształtuje samoocenę dziecka. Wysoka samoocena jest czynnikiem szczęścia i sukcesu w życiu. I to właśnie jej kształtowanie dla Ciebie jako rodzica powinno być głównym celem. Czy to robisz? Jeśli nie, zacznij o tym myśleć, znajdź wspólnie ze swoim dzieckiem dyscyplinę sportu, która może go zainteresować. Potem wspieraj dziecko i zadawaj wiele pytań: jak było na treningu? Czy ci się podobało? Czy poznałeś nowych ludzi? Czy to jest dyscyplina, która Ci odpowiada? A gdy Twoje dziecko wróci z treningu, powtarzaj mu, że jesteś z niego dumny, że jesteś bardzo pozytywnie zaskoczony jego zachowaniem i wynikami. Jeśli zechce zmienić dyscyplinę, pozwól mu na to.

Teraz wyobraź sobie, jak pewnego dnia zasiadasz na trybunach, spoglądasz na swoje dziecko, które konkuruje w zawodach sportowych i nie przywiązujesz wagi do tego, czy wygra, czy też przegra w rywalizacji. Jeśli zwycięży, dozna prawdziwego poczucia spełnienia, które zapewni mu niezapomniane przeżycie. To przeżycie będzie miało niewyobrażalny wpływ na jego rozwój i przyszłość. A jeśli przegra, to nawet lepiej, ponieważ będzie to okazja do prawdziwego wsparcia dziecka i wyjaśnienie mu, że samo uczestnictwo jest zwycięstwem.

W tym momencie będziesz mógł nawiązać prawdziwą relację i wyjaśnić swemu dziecku, że zwycięstwo nie jest najważniejsze. Będziesz mógł zapewnić swemu dziecku niezwykłą wiedzę o życiu, w którym zwycięstwo i sukces wymagają poświęceń, a Ty będziesz jego przewodnikiem i wsparciem, bo zawsze będziesz stał u jego boku. Tak właśnie kształtuje się super ludzi.

Wszystko to, kim Twoje dziecko się stanie, będzie tylko i wyłączne rezultatem Twoich starań i traktowania w najważniejszym momencie jego życia. Powtarzam: nie ma drogi na skróty.

ROZDZIAŁ 15

HEURYSTYCZNE STEREOTYPY

Heurystyczny pogląd w zakresie społecznych stereotypów ma wielką moc kształtowania naszego spojrzenia na sytuacje oraz ludzi. Innymi słowy: to głęboko zakorzenione skróty myślowe, których użycie ma na celu sprawniejsze i pozornie lepsze podejmowanie decyzji. Użyłem sformułowania „pozornie lepsze", ponieważ stereotypy społeczne, które są głęboko zakorzenione w naszej świadomości, mogą zniszczyć nasze krytyczne myślenie. To z kolei może mieć bardzo negatywny wpływ na kształtowanie relacji z innymi ludźmi, szczególnie tymi, którzy są nam bliscy. Aby jeszcze lepiej zrozumieć funkcjonowanie społecznych stereotypów, warto odnieść się do wiedzy opisanej już na łamach tej książki w jednym z wcześniejszych rozdziałów, który dotyczył systemu 1. i 2. stworzonego przez genialnego naukowca Daniela Kahnemana.

Formułowanie heurystycznych poglądów, dotyczących sytuacji i innych ludzi, odbywa się w systemie 1, który jest skojarzeniowy, leniwy, asocjacyjny i bardzo często awaryjny. Jednak po co stosować krytyczne myślenie, jeśli wszystkie informacje są na stole, a my kierujemy się głęboko zakorzenionymi prawdami społecznymi, które również możemy nazwać zabobonami?

Aby dokładnie przedstawić wysoką toksyczność takiego sposobu myślenia i podejmowania decyzji, warto przeanalizować kilka przykładów i zastanowić się, czy warto, niczym średniowieczna inkwizycja, niszczyć i torturować ludzi w imię głupoty i zwyczajnej chęci dominacji? Poniżej przedstawiam przykłady stereotypów społecznych, które są skrótami myślowymi i mają wielką moc niszczenia ludzi:

- W każdej plotce jest ziarnko prawdy.

- Dzisiejsza młodzież jest głupia i agresywna.

- Jeździsz jak baba.

- Ludzie się nie zmieniają.

- Blondynki są głupie.

- Do wszystkiego można się przyzwyczaić.

- Wszyscy ludzie są tacy sami.

- Traktuj innych tak, jak ty chcesz być traktowany.

- Nieszczęścia chodzą parami.

- Należy wybaczać innym ludziom.

Powyższe przykłady wydawać się mogą trywialne w swej naturze oraz całkowicie nieszkodliwe, jednak to tylko pozory, co postaram się przedstawić na wybranych przykładach.

Przykład nr 1: „W każdej plotce jest ziarnko prawdy". Czy się z tym zgadzasz?

Jest to sytuacja, która wydarzyła się naprawdę i o której było bardzo głośno w mediach. Uczennica oskarżyła nauczyciela o molestowanie seksualne.

Wybuchł skandal, którego następstwem była sprawa w sądzie. W toku postępowania sądowego ustalono, że nauczyciel nie popełnił żadnego przestępstwa względem uczennicy, co zostało niezaprzeczalnie potwierdzone w oparciu o dowody, sąd wiec uniewinnił nauczyciela. Jednak czy to załatwiło sprawę? Oczywiście, że nie.

Nauczyciel stracił pracę, a presja społeczna i stygmatyzacja uniewinnionego człowieka spowodowała, że człowiek ten musiał opuścić swoje miasto. I słusznie — powiecie — ponieważ w każdej plotce jest ziarno prawdy, tak? Nawet teraz z pewnością wielu z Was ma głębokie wątpliwości, czy na pewno ten nauczyciel był niewinny.

W celu lepszego zrozumienia sytuacji wyobraźcie sobie, że nagle w telewizji pojawiają się informacje na wasz temat, które jasno stwierdzają, że dopuściliście się przestępstwa na tle seksualnym. Tymczasem jesteście niewinni, staliście się ofiarą silnych ludzi, którzy za wszelką cenę chcą Was zdyskredytować i zniszczyć, ponieważ z jakiegoś powodu stanowicie dla nich zagrożenie.

Takie sytuacje mają bardzo często miejsce w świecie polityki. Pytanie brzmi: jaka byłaby reakcja ludzi z Waszego najbliższego otoczenia? Tak, dla nich zostalibyście winni.

Jeśli coś mówią w telewizji, to musi być prawda, ponieważ tak stanowi reguła autorytetu. Po drugie, nie zapominajmy, że przecież w każdej plotce musi być ziarnko prawdy.

Przykład nr 2: „Ludzie się nie zmieniają". Czy się z tym zgadzasz?

Oczywiście, że ludzie się zmieniają. Następuje to w obu kierunkach: z dobrego na złego i ze złego na dobrego człowieka. Najczęściej zaobserwować możemy zmianę z dobrego na złego w momencie, gdy zmienia się status finansowy człowieka.

Jeśli sukces finansowy wystąpi w bardzo krótkim czasie, możemy zauważyć daleko idące zmiany w zakresie osobowości, poglądów czy empatii. Jednak bardzo często zaobserwować również możemy zmiany na lepsze, czego sam mogę być przykładem.

Z zagubionego, agresywnego, uzależnionego człowieka z niskim poczuciem własnej wartości, który miał niezwykle toksyczny smak, stałem się zupełnie kimś innym. Innym przykładem są ludzie głęboko uzależnieni od narkotyków, którym udaje się zmienić. Jednym z takich autorytetów dla mnie jest Jerzy Górski, były narkoman, który zmienił się w jednego z najwybitniejszych sportowców na świecie.

Jeśli nie wiesz, kim jest Jerzy Górski, zachęcam Cię

do wysłuchania wywiadu, znajdującego się na moim kanale YouTube – Tomasz Gralak Trener Komunikacji pt. „Z Jerzym Górskim na szczyt", lub obejrzenia filmu „Najlepszy". Jest to źródło prawdziwej inspiracji i niezaprzeczalny dowód, że każdy może się zmienić na lepsze.

Niestety, ten idiotyczny stereotyp, że ludzie się nie zmieniają, wciąż pokutuje w naszej rzeczywistości i może mieć daleko idące implikacje w zakresie kształtowania relacji z ludźmi wokół nas.

Z pewnością są też takie sytuacje, gdy mimo naszych wielkich starań i nadziei nie doczekamy się żadnej zmiany, bo każda sytuacja jest inna i należy ją rozpatrywać indywidualnie, zamiast bezmyślnie i w sposób bardzo często krzywdzący ocenić i szufladkować sytuacje oraz ludzi. By to zrobić, warto skorzystać z systemu nr 2. opisanego w rozdziale piątym.

Przykład nr 3: „Dzisiejsza młodzież jest głupia i agresywna". Czy się z tym zgadzasz?

Ten pogląd jest szeroko promowany przez polityków, których bardzo często niewybredne i patologiczne opinie uderzają w nowe pokolenie młodych ludzi. Już kilkakrotnie natknąłem się na polityków, którzy w swych wypowiedziach jasno stwierdzają, że młodzież jest głupia, nieodpowiedzialna i agresywna.

Takie słowa bardzo często płyną z ust ministra Czarnka, który swoją pozycję polityczną wykorzystuje jedynie do zasilania swego wątłego ego i dostarczania korzyści majątkowych uprzywilejowanym grupom biznesowym, do których należy przede wszystkim jedna z najbardziej patologicznych i skorumpowanych instytucji, jaką jest instytucja kościelna.

W tym momencie nie chcę obrazić ortodoksyjnych katolików, którzy wierzą w Kościół, ponieważ szanuję inny punkt widzenia i odmienne poglądy na temat instytucji państwowych. Ja prywatnie wierzę w siłę wyższą, którą również nazwać możemy Bogiem, jednak w Kościół absolutnie nie wierzę. Mamy także do czynienia z „głową" naszego rządu, czyli prezesem Kaczyńskim, którego postępowanie w zakresie młodych ludzi przechodzi wszelkie wyobrażenie.

By to zwizualizować, posłużę się przykładem wojny domowej w Ruandzie, która miała miejsce w 1990 roku i w niecały rok pochłonęła prawie milion istnień ludzkich. Geneza samego konfliktu ma wiele wątków, jednak ja chcę skupić się na prezydencie Paulu Kagame, który był oficjalnym przywódcą ludobójstwa.

Co uczynił Kagame, by zmobilizować rodaków do bestialskiego mordowania maczetami swoich pobratymców? Otóż posłużył się niezwykle skuteczną socjotechniczną metodą, którą była dehumanizacja, czyli odczłowieczanie ludzi i nadawanie im nowej wartości.

W przypadku grupy etnicznej Tutsi, która była celem bestialskich mordów podczas wojny domowej w Ruandzie, dehumanizacja odegrała wielką rolę: Tutsi uznano nie za ludzi, lecz szkodliwe karaluchy, które należy jak najszybciej wyplenić.

Zadziałało tutaj wiele czynników psychologicznych, których celem była manipulacja świadomości ludzkiej. Jednym z tych czynników była reguła autorytetu.

Jeśli prezydent kraju, najwyżej usytuowana osoba w państwie, mówi, że zabijanie jest dobre, ponieważ nie zabijamy ludzi, tylko szkodliwe karaluchy, to wszystko musi być w porządku i zgodne z prawem.

Nie widzę żadnego powodu, by nie porównać szefa naszej władzy do dyktatora z Ruandy. Prezes Kaczyński w swych przemówieniach, adresowanych do całego narodu, stygmatyzuje ludzi o odmiennych orientacjach seksualnych. Dehumanizuje grupy LGBT, nadając im wymiar chorych i upośledzonych jednostek, które trzeba leczyć lub pozbyć się ze społeczeństwa.

I to ma miejsce w nowoczesnej Europie. Ktoś może powiedzieć, że przecież tu nikogo nie morduje się maczetami. Rozmiar polskiej tragedii nie jest tak otwarty i bezprecedensowy, jak było to w Ruandzie, jednak istnieje w takim samym wymiarze. Wyobraźcie sobie, grupę narodowców lub wynajętych bojówkarzy, którzy natykają się na reprezentanta LGBT.

W imię panujących, lecz zamaskowanych przyzwoleń społecznych narodowcy uznają, że nie mają do czynienia z człowiekiem, tylko chorą jednostką, której trzeba się pozbyć, zatem następuje atak. Człowiek LGBT jednak cudem przeżył i w zakrwawionej tęczowej koszulce podąża na najbliższy komisariat policji, by uzyskać pomoc.

Jednak policja to aparat państwowy, również sterowany w sposób ideologiczny. Człowiek LGBT nie ma podstaw ku temu, by uzyskać pomoc, interwencja w tym przypadku byłaby politycznie nieusprawiedliwiona i nieuzasadniona.

W Polsce jest niejawne przyzwolenie na mordowanie ludzi, usankcjonowane przez głowy naszego państwa, którzy szukają wrogów, by jednoczyć państwo. Teraz wyobraźcie sobie, że Polska nie jest już częścią Unii Europejskiej i nadal rządzą faszyści. Z mównic całego kraju zaczyna się nawoływanie do oczyszczenia naszego społeczeństwa z brudnych ludzi LGBT.

Jak myślicie, jak zareagowałyby wynajęte bojówki? Jestem przekonany, że kolejka do maczet byłaby bardzo długa. Uważam, że ludobójstwo już się odbywa, bo ludzie wyrzuceni na margines społeczny są stygmatyzowani i atakowani, nie mogą otrzymać faktycznego wsparcia i pomocy, co objawia się w bardzo wysokich statystykach dotyczących samookaleczeń, samobójstw czy ataków na mniejszości narodowe.

Polskie władze i wymiar sprawiedliwości, na którego czele stoi człowiek jasno wspierający neofaszystów, codziennie morduje setki głupich, brzydkich i niemających praw społecznych karaluchów.

Jednak jest nadzieja, ponieważ pojawiają się proeuropejskie inicjatywy i ludzie, którzy chcą je promować. Niestety, jednocześnie robią to w bardzo nieumiejętny sposób i mówią tylko o powierzchownych działaniach, które mają przynieść im głównie korzyści polityczne.

W jednym z ostatnich wywiadów Szymon Hołownia, wypowiadający się na temat polskiej edukacji, porównał polityków opozycji do patostreamerów. Takie porównanie bardzo mnie wzburzyło, ponieważ jeśli pan Hołownia wie, kim są patostreamerzy, jak działają i jaki mają wpływ na psychikę młodych ludzi, to powinien dostrzec potężny problem i o nim mówić. Jednak żaden z ludzi opozycyjnych ugrupowań nie mówi o psychoedukacji, nie mówi o fałszywym marketingu, nie mówi o bestialstwie dostępnym w sieci, nie mówi o wzbudzaniu krytycznego myślenia, nie mówi o edukacji w zakresie zdrowego żywienia, nie mówi o stanie polskiej młodzieży, która bardzo często popada w depresję, a w konsekwencji odbiera sobie życie. Cieszę się, że są ludzie walczący o wartości europejskie, jednak niech czynią to w sposób faktyczny i mówią o rzeczach, które mają faktyczny wpływ na fatalny stan polskiego społeczeństwa.

Być może jest to zbyt silne lobby, być może firmy, które w porozumieniu z rządem zapewniają nam nowoczesne narkotyki i nie zamierzają zaprzestać tego procederu, ponieważ zwyczajnie jest on bardzo opłacalny.

Moim celem było przedstawienie niezwykle silnego, jak również szkodliwego środowiska, które kształtuje świadomość ludzi, szczególnie tych młodych.

Odpowiadając na pytanie, „Czy dzisiejsza młodzież jest głupia i agresywna?" stanowczo twierdzę, że nie! Zachowanie współczesnej młodzieży przede wszystkim uwarunkowane jest wzorcami, które czerpią z zewnętrznego świata. Na łamach tej publikacji opisałem wiele destrukcyjnych czynników, które na przestrzeni ostatnich dekad niepostrzeżenie wdarły się w życie ludzi, którzy absolutnie nie byli na to przygotowani.

To tak, jakby wrzucić do głębokiej wody człowieka nieumiejącego pływać i jednocześnie oczekiwać, że osoba ta w zupełnie nieznanym środowisku, pełnym nowych wyzwań, utrzyma się na powierzchni. Oczywiście wynik takiej operacji zakończyłby się powolną śmiercią. Stygmatyzacja, dehumanizacja i szukanie wspólnych wrogów w konsekwencji prowadzi do podziału społeczeństwa na lepszych i gorszych. A wszystko to w imię interesu politycznego, którego nadrzędnym celem jest ogłupienie i skłócenie społeczeństwa.

Jak w takich warunkach oczekiwać możemy od współczesnej młodzieży zrównoważonego rozwoju osobowościowego czy empatycznego myślenia?

Wychowanie w klimacie wojny domowej prowadzi do czystek etnicznych, których celem jest eliminacja pewnych grup społecznych.

Nasi politycy mają krew na rękach, swoim zachowaniem, decyzjami, a szczególnie wypowiedziami zamordowali tysiące ludzi, którzy nie wytrzymali presji. Słowo to broń, a politycy doskonale zdają sobie z tego sprawę.

By skutecznie wyeliminować niewygodnych ludzi, nie trzeba maczet. Wystarczy jedynie odpowiednio zainspirować społeczeństwo poprzez siłę autorytetu, dając ciche przyzwolenie na eliminację innych.

Czy nasi współcześni politycy poniosą za to odpowiedzialność? Raczej nie... Głównym przedmiotem walki politycznej są dobra materialne i w tym kontekście współczesna opozycja chce obarczyć konsekwencjami swoich przeciwników.

A co z tysiącami straconych żyć młodych ludzi? Kto za to zapłaci, kto naświetli problem, kto w końcu zacznie walczyć o młodych ludzi?

Niestety, absurd i stygmatyzacja nie kończy się na środowiskach LGBT. Również polityczne chamy i zakłamana kościelna instytucja nie mają problemu w podejmowaniu decyzji za kobiety w jednej z najważniejszych sfer ich życia, jakim jest rodzenie i wychowanie dzieci.

W polskich realiach kobiety są zmuszane do rodzenia chorych dzieci, a nawet zdarzają się przypadki, że poprzez decyzje kościelno-polityczne kobiety muszą w sobie nosić martwy płód, stając się żywymi trumnami.

Ile kobiet do tej pory taki stan rzeczy pozbawił godności lub życia? Byłem wstrząśnięty, gdy na jakiejś stronie internetowej zobaczyłem jednego z naszych czołowych polityków, pana Bosaka, który prowadzi debaty na temat godnej śmierci nienarodzonego dziecka. Co jest powodem takiego bestialskiego, chorego, odseparowanego od rzeczywistości zachowania? Oczywiście jest to interes polityczny, którego celem było promowanie utopijnych idei, mających przysłużyć się do tworzenia szowinistycznie ukierunkowanego społeczeństwa, w którym kobiety są jedynie przedmiotem walki o wpływy polityczne. Ile tragedii taki stan rzeczy spowodował, ile kobiet było żywą trumną, ile kobiet popadło w depresję, z której nigdy nie wyjdą, ile kobiet odebrało sobie życie? W czasie, gdy Krzysiu Bosak popija sobie drinka w swojej luksusowej willi, tragedie rodem z Auschwitz-Birkenau nie mają końca.

Czy ten polityczny troglodyta i karierowicz poniesie za to konsekwencje? To pytanie zostawiam Wam. Jednak proszę, by na to nie odpowiadały kobiety „dające w szyję", ponieważ głowa naszego rządu jasno stwierdza, że nie są to zbyt światłe jednostki, zdolne do podejmowania racjonalnych decyzji.

Czy istnieje coś takiego, jak demokratyczny faszyzm? W moim przekonaniu tak, czego dowodem jest powyżej opisana przykra rzeczywistość, na której czele stoją ideologiczni dyktatorzy, mordujący ludzi w białych rękawiczkach. Głęboko wierzę i pragnę tego, by ci ludzie za to zapłacili, by ponieśli konsekwencje swoich socjotechnicznych zabiegów, które wymordowały tysiące ludzi i zniekształciły osobowość młodego pokolenia.

Podsumowanie

W tym rozdziale zostały omówione kognitywne stereotypy, których działanie bardzo upraszcza nasz sposób postrzegania rzeczywistości.

Bardzo często podejmujemy spontaniczne decyzje, dotyczące sytuacji i innych ludzi, posługując się głęboko zakorzenionymi w nas stereotypami, które odbierają nam możliwość krytycznego myślenia.

Gdy następnym razem ktoś w Twoim towarzystwie użyje sformułowań typu „w każdej plotce jest ziarnko prawdy" lub „ludzie się nie zmieniają", to będzie świetna okazja, byś używając systemy nr 2. swobodnie i bez uprzedzeń przeanalizował, czy to, co myślisz o innych, jest faktycznie prawdą.

Również w tym rozdziale pojawił się watek polityczny, który dla wielu okazać może się niezwykle kontrowersyjny, więc jeśli kogokolwiek uraziłem, to bardzo przepraszam. Jednak w polskim społeczeństwie dominuje przekonanie, że polska młodzież jest „głupia i agresywna", a jest to niezwykle uproszczona i krzywdząca opinia, przede wszystkim spowodowana bardzo nieumiejętnym działaniem rządu w zakresie wdrażania nowoczesnych inicjatyw edukacyjnych, których głównym celem powinno być ochrona zdrowia psychicznego oraz efektywna edukacje w zakresie kształtowania umiejętności, które pozwolą bez problemu odnaleźć się młodemu człowiekowi w nowej, dorosłej rzeczywistości.

Jednak stygmatyzacja, dehumanizacja oraz skupienie na wirtualnych problemach, których celem jest wzbudzanie zaangażowania, nienawiści i dzielenie społeczeństwa w celu ubicia interesu politycznego, jest głównym narzędziem współczesnych polityków, skupionych tylko i wyłącznie na własnych korzyściach.

Polska młodzież nie jest głupia i agresywna, polska

młodzież zostawiona jest sama sobie, polska młodzież nie otrzymuje żadnego wsparcia i pomocy, polska młodzież nie ma możliwości podejmowania racjonalnych decyzji, polska młodzież jest zagubiona i wykorzystywana, a mimo to oskarża się ją i czyni winną za sprawy, których my dorośli jesteśmy główną przyczyną.

Sprostowanie

Gdy pisałem o ideologicznie ukierunkowanej policji, w żaden sposób nie chciałem obrazić tej jednej z najważniejszych instytucji naszego państwa, którą bardzo szanuję. Policja zobowiązana jest wykonywać polecenia przełożonych, które napływają z samej góry.

ROZDZIAŁ 16

EMOCJONALNA PRZEPAŚĆ

Ten rozdział zaczniemy od prostego pytania: „Czy wiesz, czym są emocje?". Gdy zadaję to pytanie na spotkaniach z młodzieżą, studentami czy ludźmi biznesu, odpowiedź zawsze jest ta sama, a mianowicie absolutnie nikt nie jest w stanie w jasny i w miarę precyzyjny sposób opisać, czym są lub mogą być emocje w naszym życiu.

Jednak gdy zadaję następne pytanie: „Czy stany emocjonalne w naszym życiu mają wpływ na jakość naszej komunikacji oraz decyzji, które podejmujemy względem siebie lub innych?", odpowiedzią jest stanowcze „tak". Zatem wiemy, że coś ma potężny wpływ na nasze życie, ale nie jesteśmy w stanie tego zupełnie kontrolować.

To trochę tak, jak na tratwie przemierzać wzburzony ocean, gdzie doświadczyć moglibyśmy zupełnego braku kontroli i finalnie zatonąć lub rozbić się o skały. Czy doświadczyłeś stanu emocjonalnego sztormu, w którym skrzywdziłeś siebie lub inną osobę, a następnie, gdy sztorm ustał, zdałeś sobie sprawę, że to, co zrobiłeś, było złe i dogłębnie tego żałujesz?

Nadal znajdujesz się na tratwie, osamotniony, z poczuciem winy, na spokojnym już oceanie, jednakże bez perspektyw na dotarcie do lądu? Zrozumiałeś, że coś złego i nieakceptowanego miało miejsce, jednak Ty nadal nie wiesz dlaczego?

Rozpocząłem poszukiwania wiedzy na temat emocji oraz ich kontrolowania. Przeczytałem kilka publikacji, z których jedna okazała się kluczowa, ponieważ zmieniła moją koncepcję, dotyczącą tego, czym są i jak działają emocje.

Lisa Feldman Barrett to twórczyni genialnej dla mnie książki, zatytułowanej „How Emotions AreMade" (Jak powstają emocje). Zagłębiłem się w lekturę z dość cynicznym nastawieniem, jednak po przeczytaniu książki nastąpiła we mnie altruistyczna przemiana, wyrażona w intelektualnym dystansie, zrozumieniu i dużo większej swobodzie kontrolowania tego, co dzieje się wewnątrz mnie.

Innymi słowy, ta przemiana pozwoliła mi lepiej zrozumieć, co bez mojej kontroli mnie kontroluje. Co więcej — jasno stwierdzam, że książka powinna być obowiązkową lekturą dla każdego rodzica oraz powinna znajdować się w spisie lektur obowiązkowych do przeczytania w naszym archaicznym i sypiącym się systemie edukacji. Zatem zacznijmy...

Eksperyment

Poniżej zobaczysz zdjęcie (osoba bezdomna), które z pewnością wzbudzi w Tobie emocje. Proszę, spójrz na nie i zastanów się, co widzisz?

Ilustracja 13. Źródło: Photo by Jonathan KhoMingJun on Unsplash

Pokazuję to zdjęcie na moich zajęciach i proszę uczestników, by zapisali na kartce swoje spostrzeżenia, którymi następnie się dzielimy.

Odpowiedzi są zawsze bardzo różne, choć w zależności od wielkości grupy często pokrywają się. Najczęstsze odpowiedzi to: bezdomny, alkoholik, narkoman, menel czy niezaradny życiowo człowiek. Czy te odpowiedzi są poprawne?

Z pewnością tak, ponieważ dotyczą sposobu interpretowania rzeczywistości w taki sposób, jak nas zaprogramowano. Moje następne pytanie brzmi: Jaki rodzaj emocji się w was zbudził? Są to pozytywne, czy negatywne emocje? Odpowiedzi, które padają, nie świadczą o przyjemnych skojarzeniach.

Jedno jest pewne: uczestnicy tego prostego eksperymentu natychmiast ocenili sytuację i swój stosunek do niej, który okazał się powierzchowny i pozbawiony empatii.

Dlatego zadaję następne pytanie: Dlaczego właśnie tak oceniliście to zdjęcie? Tu zapada cisza, ponieważ nikt nie ma pojęcia, z jakiego powodu pojawiły się w nim takie emocje.

Kategoria vs koncepcja

Lisa Feldman Barrett w swojej książce wyszczególnia dwie bardzo ważne koncepcje społeczno-psychologiczne. Otóż kategoria to społeczna ideologia, którą nasiąkamy, żyjąc w środowisku, w którym panują ustalone zasady i reguły. Wyobraźcie sobie, że jesteście nazistą, który bez żadnych skrupułów mógłby zabić dziecko lub kobietę żydowskiego pochodzenia. Czy takich ludzi można nazwać złymi? Według ogólnie panujących kategorii, tak. Jednak jeśli mielibyśmy okazję żyć w kraju, którego propaganda oraz niezwykle silna indoktrynacja od najmłodszych lat naszego życia zatruwałaby nasze mózgi?

No cóż, nasza koncepcja zła zupełnie różniłaby się od koncepcji, którą posiadamy teraz. Koncepcje społeczne to w wielu przypadkach również socjotechniczne manipulacje polityczne, których celem jest wzbudzenie w nas nienawiści i pogardy względem innych grup społecznych, w czym nasz rząd wiedzie niezaprzeczalny prym.

Jeśli zapytasz innych o przedstawicieli LGBT w Polsce, to usłyszysz, że to chorzy, zboczeni i niebezpieczni ludzie. Również kobiety w ciąży czy lekarze są przedmiotem indoktrynacji politycznej, gdzie nazywa się ich mordercami i „niekatolikami" w sytuacji, w której miałoby dojść do zakazanej w Polsce aborcji.

Ustalone koncepcje w niektórych sytuacjach pozbawiają nas wolnej woli i powodują, że można nami w bardzo łatwy sposób manipulować. Czy tego właśnie chcesz?

Teraz skupmy się na tym, czym jest koncepcja. Aby to zrobić, wróćmy do naszego eksperymentu, dotyczącego zdjęcia. Gdy otrzymam już wszystkie opinie na temat zdjęcia, pytam uczestników, czy ja też mogę powiedzieć, co widzę na tym zdjęciu.

Wg mnie na zdjęciu widnieje człowiek, który być może został niezwykle skrzywdzony w dzieciństwie, który teraz nie może sobie poradzić. Może to człowiek, który doświadczył strasznej tragedii w życiu i teraz wszystko mu jedno?

Może to człowiek zwyczajnie chory, zagubiony, który od najmłodszych lat z ust swoich opiekunów słyszał, że jest zerem, które nic w życiu nie osiągnie? Dlatego u mnie człowiek ten nie wzbudza odrazy czy negatywnych, silnych emocji, które są uzależnione od tego, jak ktoś kazał mi widzieć tę sytuację.

Dla mnie kategoria słowa „bezdomny" wzbudza zrozumienie, empatię i chęć pomocy. Oczywiście nie jestem naiwny i wiem, że być może ktoś zasłużył sobie na taki los.

Taka koncepcja bezdomnego budzi się w przestrzeni mojego krytycznego oraz wolnego myślenia. Wolnego od nakładanych na nas kategorii, które okazać się mogą bardzo krzywdzące dla nas i innych.

Gdy dzielę się ze słuchaczami moim „widzeniem" zdjęcia,

pojawia się u nich refleksja, ludzie zaczynają dostrzegać swoją emocjonalną postawę i brak kontroli nad nią. Jednak ja kiedyś byłem taki sam, rządzony społecznymi kategoriami, które zostały wgrane mi do głowy.

W Polsce homofobia i rasizm są wszechobecne w życiu społecznym. Kiedyś nienawidziłem emigrantów i osób o innej orientacji seksualnej. Nienawidziłem również bezdomnych, mając ich za śmieci, zatruwające nasze społeczeństwo.

Gdy teraz o tym myślę, jestem dumny z tego, że wyzwoliłem się z sideł manipulacji i nienawiści do innych ludzi. Patrząc na emigrantów lub myśląc o nich, nie widzę zagrożenia dla naszego stylu życia, lecz widzę konsekwencje, które ponosimy na rzecz czasów kolonialnych, w których Europejczycy mordowali, okradali i destabilizowali całe systemy społeczne, a także handlowali żywym towarem, traktując ludzi z innego kontynentu jak przedmioty niskiej wartości, z którymi nie trzeba się liczyć.

Jeśli Europa doprowadziła do kryzysu emigracyjnego, a tak jest, dlaczego mamy nienawidzić ludzi, którzy chcą tego, co im zabraliśmy?

Teraz wiem, jakie kategorie postrzegania rzeczywistości istnieją w naszym systemie, jednak moje koncepcje są inne, ponieważ wykształciłem je poprzez krytyczne myślenie, edukację oraz otwartość i chęć zrozumienia innych ludzi.

Jeśli jesteś rodzicem lub opiekunem, to Twoją rolą jest kształtowanie świadomości własnego dziecka, by zapewnić mu możliwość krytycznego myślenia i panowania nad swoimi emocjami. Czy to robisz? Ja się staram… Na przykład ostatnio, gdy ja, moja dziewczyna i jej syn, który jest moim bardzo bliskim przyjacielem, wybraliśmy się na łyżwy.

Przed budynkiem lodowiska, na krawężniku siedział starszy człowiek, którego aparycja mogłaby przywieść na myśl kategorię człowieka bezdomnego. W pewnym momencie postanowiłem zapytać Marcela, co widzi, patrząc na tego człowieka.

Odpowiedź młodego człowieka nie zaskoczyła mnie zbytnio, ponieważ usłyszałem, że jest to bezdomny. Wtedy zapytałem Marcela, czy wie, co mogło doprowadzić tego człowieka do takiej sytuacji? I tu Marcel nie miał zbyt wielu pomysłów oprócz tych dość popularnych, jak alkoholizm, lenistwo czy niezaradność życiowa.

To mnie zszokowało i zaciekawiło, ponieważ już tak młody człowiek miał jasną kategorię i stosunek emocjonalny do ludzi, którzy absolutnie na to nie zasługują. Zapytałem Marcela, czy mogę mu wyjaśnić, co mogło doprowadzić do tej sytuacji? Odpowiedź brzmiała „tak". Najpierw wyjaśniłem chłopcu, w jakiej sytuacji on sam się znajduje — ma przy sobie dwie osoby, które zrobią wiele, by był szczęśliwy. Wyraziłem podejrzenie, że ten człowiek znajduje się w zupełnie innej sytuacji i nie ma nikogo, kto mógłby zadbać o jego rozwój fizyczny i emocjonalny, co więcej — może ktoś go krzywdził.

Następnie powiedziałem, że bardzo często oceniamy ludzi i sytuacje, absolutnie nie biorąc pod uwagę, co spowodowało taki stan rzeczy. Wyjaśniłem też, czym są kategorie społeczne, a wolna koncepcja, którą możemy wzniecać w naszym procesie podejmowania decyzji. Również wyjaśniłem Marcelowi, że być może osoba ta ponosi konsekwencje swoich własnych czynów, być może zostawił swoich bliskich, których wyrzekł się na rzecz rozwiązłości i pieniędzy.

Celem tej rozmowy przede wszystkim było wzbudzenie umiejętności krytycznego myślenia i kontrolowania emocji, a poza tym uświadomienie młodemu człowiekowi, w jak komfortowej sytuacji się znajduje i ile szczęścia spotkało go w życiu.

Im więcej dajemy za niską cenę, tym miej ludzie to cenią — to również dotyczy naszych dzieci, które powinny mieć świadomość, że kształtowanie młodego super człowieka wymaga wiele poświecenia i zaangażowania.

Jeśli tego nie doceniają i nie są w stanie w odpowiedni i bardzo krytyczny sposób zinterpretować rzeczywistości, to pewnego dnia sami mogą doświadczyć daleko idących i mało przyjemnych konsekwencji, wyrażonych w niskim statusie społecznym, braku przyjaciół, niskim poziomie samooceny czy posiadaniu destrukcyjnych uzależnień. Zatem wzbudzenie odpowiedniej refleksji, która pozwoli młodemu człowiekowi w sposób empatyczny oraz praktyczny odnieść się do danej sytuacji w odpowiedni sposób, powinno być celem każdego opiekuna.

Skonstruowana emocja

Teraz chciałbym zadać następne pytanie: „Czy wiesz, jak powstają emocje?" Pytanie wydaje się trywialne, ale czy na pewno? Daj sobie minutę i spróbuj na nie odpowiedzieć. Odpowiedź wydaje nasuwać się automatycznie, jednak im głębiej chcemy dotrzeć, tym trudniejsza ona się staje.

Zadam drugie pytanie: „Czy emocje tworzą się w nas, czy też powstają w odpowiedzi na to, co dzieje się na zewnątrz?"

Teraz już odpowiedź nie wydaje się tak prosta, jednak zmieniła moje podejście względem siebie i innych ludzi, ułatwiła mi lepsze kontrolowanie własnych emocji, co w konsekwencji pozwoliło mi być lepszym człowiekiem. Czas więc opowiedzieć na pytanie...

Lisa Feldman Barrett w swojej książce użyła terminu „constructedemotion" (skonstruowana emocja). Jak sama nazwa wskazuje, emocje powstają, tylko w jaki sposób?

Wyobraźcie sobie, że jesteście dzieckiem, które za każde swoje niepowodzenie jest krytykowane i karane. Na przykład osiągacie genialny sukces sportowy, jednak Wasi rodzice go bagatelizują, mówiąc, że nic wyjątkowego się nie stało, a gdy dorośniecie, to i tak raczej nic z Was nie będzie. Inny przykład: bardzo często w dzieciństwie słyszeliście od swoich opiekunów, że do niczego się nie nadajecie i nic w życiu nie osiągniecie.

W najważniejszym momencie życia instaluje się w Was poczucie zagubienia, niepewności i braku akceptacji. Gdy z czasem tacy ludzie wchodzą w nowy wymiar swojego życia, zaczynają ponosić konsekwencje nieumiejętnego zachowania swoich opiekunów.

Po pierwsze, większość tak ukształtowanych ludzi będzie odczuwała silny strach przed światem zewnętrznym. Po drugie, tacy ludzie nie będą wierzyli, że są w stanie wykonać kreatywne i trudne zadanie, co mimo potencjału osobowościowego spowoduje, że zamkną się w sobie. Dlaczego tak się dzieje?

Otóż wewnątrz tych ludzi zainstalowano potężne i silne informacje na temat tego, kim są i jak będą sobie radzić ze światem. Zewnętrzny i nowy świat staje się dla nich nieprzyjemny i trudny, lecz nie dlatego, że taki jest, tylko w taki sposób nauczono ich na niego reagować. Emocje, które się pojawiły, powstają na skutek tego, co dzieje się wewnątrz nas, a nie w odpowiedzi na świat zewnętrzny.

Teraz wyobraźmy sobie zupełnie odmienną sytuację.

Jako młodzi ludzie mamy wokół nas opiekunów, którzy od najmłodszych i najważniejszych lat naszego życia inwestują w nasz rozwój emocjonalny. Opiekunowie tacy bacznie obserwują swojego podopiecznego oraz aranżują głębokie i rozwijające rozmowy. Od takich opiekunów w momencie popełnienia błędu otrzymamy pełne zainteresowanie.

Ktoś z nami usiądzie, zapyta, co się stało i wspólnie przeanalizujemy sytuację, która nas spotkała. Na koniec usłyszymy, że takie sytuacje zdarzają się w życiu i każdy ma prawo popełniać błędy, lecz nie każdy wyciąga wnioski. Następuje moment na wnioski, na wzbudzenie krytycznego myślenia i zapewnienie dziecka, że jest wyjątkowe, że daleko zajdzie i że z pewnością poradzi sobie w życiu.

Tak ukształtowana i zaprogramowana młodzież będzie

w zupełnie inny sposób odpowiadała na przeciwności losu. Co więcej, taka osoba w momencie kryzysu nie załamie się, lecz wręcz przeciwnie – uzna, że to moment na rozwiązanie problemu.

Koncepcje vs przewidywania

Nie będzie przesadą, jeśli powiemy, że emocje żądzą naszym życiem. Czasami tylko jedna sytuacja, jedna sekunda, jeden moment mogą zadecydować o wszystkim w naszym życiu. Innymi słowy, gdy nie kontrolujesz swoich stanów emocjonalnych, bardzo łatwo możesz skrzywdzić siebie lub innych.

Ponieważ jesteś odbiorcą tej publikacji, zadam Ci pytanie: Jakie masz koncepcje w zakresie interpretacji tego, co dzieje się wokół Ciebie i jakie koncepcje przekazujesz swoim dzieciom? Jednak zanim zaczniesz o tym myśleć, przede wszystkim musisz zrozumieć, że emocje to przewidywanie tego, co się wydarzy.

Powtórzę: „emocje to przewidywanie tego, co się wydarzy", i to tak naprawdę wszystko. Jednak ta prosta wiedza ma potężną moc wpływania no to, jak kształtuje się nasza rzeczywistość, jak odbieramy siebie i jak odbierają nas inni ludzie. Jednak by tego doświadczyć, przeprowadzimy mały eksperyment. Proszę, przeczytać poniższe słowa.

- Odrzucenie
- Niepowodzenie
- Złość
- Smutek

Gdy podczas zajęć czy wykładów pytam moich słuchaczy, jak interpretują te słowa, jakie emocje w nich wzbudzają, to 99,9% natychmiast stwierdza, że słowa te przywodzą im na myśl negatywne skojarzenia. Moje następne pytanie brzmi: Dlaczego są to dla was negatywne słowa, dlaczego te słowa wzbudzają w was negatywne emocje?

Nieważne, czy są to dzieci, czy rodzice, wszyscy mają problem ze znalezieniem odpowiedzi na to pytanie. Dla mnie jest to informacja, że ich psychoedukacja została bardzo zaniedbana, a etykiety, które przekazali im ich opiekunowie, pozostawiają wiele do życzenia i nie mają zbyt wiele wspólnego z właściwym wychowaniem i poświeceniem się swojemu podopiecznemu. **Zatem co zrobić?**

Do cholery, należy rozmawiać!!!

Jako opiekun Marcela, szeroko już omawianego na łamach tej publikacji, postanowiłem wzbudzić w tym młodym człowieku refleksyjne, wolne od stereotypów myślenie.

Jak to zrobiłem? Obserwowałem i rozmawiałem. Pewnego dnia Marcel wrócił do domu smutny i zły, więc pomyślałem, że to moment na podjęcie rozmowy. Zadałem mu pytanie, jak się czuje. Otrzymałem odpowiedź, że jest zły i smutny.

Następnie zapytałem, czy może powiedzieć mi dlaczego. Kwestia dotyczyła planów na przyszłość. Marcel ma dość jasno sprecyzowane plany na ten temat — chce zostać kucharzem. Jednak gdy podzielił się swoimi planami na przyszłość z kolegami, to go wyśmiali. No cóż, pojawił się smutek, złość i poczucie odrzucenia — dużo emocji jak na jeden raz.

Zdając sobie sprawę z powagi sytuacji, postanowiłem nadać młodemu człowiekowi nowe etykiety, które pozwolą mu na inną, lepszą interpretację tego, jak traktują go inni i jakie emocje to w nim wzbudza.

Po pierwsze, zapytałem go, czy lubi czuć złość i smutek. Odpowiedź była oczywista, bo chyba nikt nie lubi.

Następnie uświadomiłem mu, że takie sytuacje będą zdarzały się w jego życiu i absolutnie nie jest to nic złego, wręcz przeciwnie, te emocje pokazują, że jest ambitny i wrażliwy.

Wyjaśniłem także, że smutek i złość to bardzo silne

emocje, które mogą nas pogrążyć lub dać nam więcej siły, by przeć do przodu. By tak się stało, zwiększyliśmy inteligencję emocjonalną młodego człowieka, nadając nowe znaczenie słowom, które wcześniej były stereotypowymi etykietami.

Zapytałem Marcela, jak rozumie słowa „smutek" i „złość", negatywnie czy pozytywnie. Wtedy Marcel uznał, że są to negatywne doświadczenia, a ja z kolei powiedziałem, że dla mnie kiedyś było tak samo, jednak teraz jest zupełnie inaczej — uczucie smutku i żalu to sygnał, że coś w moim życiu wymaga zmiany, że jestem ambitny i będę poszukiwał odpowiedzi.

Wyjaśniłem także, że smutek i złość to nie powód do użalania się nad sobą, ale sygnał, by wziąć sprawy w swoje ręce i zacząć rozumieć własne emocje. Jak to zrobiłem? Bardzo prosto.

Teraz będziemy łamać stereotypy, a ja Was trochę wychowam. Nim przejdziecie do dalszej części tego rozdziału, proszę nadać zupełnie nowy, może nawet przeciwny sens słowom już wcześniej omawianym: odrzucenie, niepowodzenie, złość, smutek.

- poczucie odrzucenia = zazdrość innych ludzi, moja wyjątkowość, zbyt szybkie ocenianie sytuacji, ludzie, którzy może nie powinni być w gronie moich bliskich lub znajomych, chęć do działania,

- niepowodzenie = chęć działania, charyzma, zacięcie, wyciąganie wniosków, ambicja,

- złość = chęć zmian, wrażliwość, wysoka inteligencja emocjonalna, chęć do działania, ambicja,

- smutek = empatia, chęć udowodnienia sobie, czas na zmiany, rozwój.

Powyższe przykłady pokazują, jak możemy rozwijać nasze umiejętności interpretacji zachowań innych ludzi wobec nas oraz dają nam nowe zrozumienie słów, które wcześniej mogły być jak trucizna, która zabiła niejednego młodego człowieka.

Teraz gdy dzieje się coś trudnego i nieprzewidywalnego

w życiu Marcela, to wiem, że jest gotowy, ponieważ jest w stanie kontrolować swoje emocje poprzez głębsze zrozumienie prostych słów, które mają potężną siłę rażenia (nie tylko negatywną, jak, mam nadzieję, mieli Państwo okazję dostrzec). To rolą opiekunów i rodziców jest wychowanie, a emocje są jedną z najważniejszych części naszego życia.

Pytam Cię zatem: Czy kształtujesz w swoich dzieciach emocjonalną swobodę, która pozwala na zachowanie dystansu i balansu emocjonalnego? Jeśli nie, to czas zacząć.

Nigdy tego nie rób!!!

Dla niektórych rodziców i opiekunów rozmowy na temat emocji sprowadzają się do sformułować takich, jak:

- Wszystko będzie dobrze.

- Takie jest życie.

- Niczym się nie martw.

- Jak tak będziesz robił, to nic nie osiągniesz.

Takie wskazówki często dostajemy od ludzi, którzy pozornie starają się nam pomóc. Pomyśl, ile razy Ty dawałeś komuś takie puste rady. Czy to pomogło? Na pewno nie. Takie słowa najczęściej pogłębiają traumę i wskazują na to, że ktoś ma nas gdzieś lub zwyczajnie nie ma pojęcia, jak nam pomóc.

Zamiast dawać puste rady, których głównym celem jest poprawienie własnego samopoczucia, zadaj prawdziwe pytanie, poparte szczerą intencją; nie oceniaj, daj przestrzeń, nie porównuj, co ty byś zrobił, a następnie zastanów się, z kim masz do czynienia. Powiedz tej osobie, że ją znasz, że wiesz, jak silna jest i jak sobie radzi w trudnych sytuacjach. Zapewnij, że jest w stanie rozwiązać każdy problem, a Ty jej w tym pomożesz, jeśli zechce.

Czasami jedno zdanie, jedna sytuacja jest w stanie zmienić wszystko w naszym życiu, proszę o tym pamiętać.

Unikaj ludzi, którzy mówią, że wszystko będzie dobrze.

ROZDZIAŁ 17

NIE WYBACZAJ

Jednym ze skrótów myślowych, który został poruszony w poprzednim rozdziale, jest „należy wybaczać innym ludziom". Czy się z tym zgadzasz? Ja absolutnie nie. Z pewnością dla wielu z Was wydawać się to może niezwykle kontrowersyjnym poglądem, jednak proszę, użyjmy systemu nr 2. i przeanalizujmy to w sposób umiarkowany oraz wyważony.

Pisząc, że nie należy wybaczać, nie mam na myśli trywialnych sytuacji, które dotyczą naszego codziennego życia, bo ludzie mają prawo popełniać błędy. Żyjemy w skłóconym społeczeństwie, w którym utrzymanie balansu emocjonalnego okazać się może bardzo trudne, co w konsekwencji przekłada się na zaburzenie procesu podejmowania decyzji, głównie zainspirowane negatywnym stanem emocjonalnym. Innymi słowy, większość decyzji, które podejmujemy, opiera się na emocjach, a niestety emocje pozbawiają nas kontroli.

Jestem przekonany, że wielu z Was doświadczyło sytuacji, gdy pod wpływem silnych emocji ktoś mógł skrzywdzić Was lub Wy mogliście kogoś skrzywdzić. Jeśli w takiej sytuacji czujecie się winni, że potraktowaliście kogoś niewłaściwie, to naturalnym stanem rzeczy powinno być przeproszenie skrzywdzonej osoby. Jest to oczywiste, jednak dla ludzi z wybujałym ego ustosunkowanie się do fundamentalnych potrzeb drugiego człowieka bywa niemożliwe.

Takie zachowanie możemy zaobserwować u współczesnych polityków, którzy mimo wielkiej liczby popełnionych błędów i krzywd wyrządzonych ludziom, nigdy nie przyznają się do błędu, zrzucając winę na innych. To pozwala im w bardzo prosty sposób uniknąć jakichkolwiek konsekwencji i daje możliwość pozyskania większej liczby wyborców.

Jak małe dzieci w piaskownicy, krzyczące „to wszystko przez ciebie".

Ilustracja 14. Niedojrzałe i nieodpowiedzialne zachowania polityków niestety odbijają się na całym społeczeństwie.

Jednak dość polityki...Bardzo często się nam wpaja, że należy przebaczać za każdym razem. Rozmawiając z moimi klientami, którzy zostali bardzo skrzywdzeni przez swoich rodziców, wielokrotnie dostrzegam w nich coś niezwykle ciekawego.

Ludzie ci odczuwają wielką wewnętrzną krzywdę a jednocześnie bardzo szanują osoby, które ich skrzywdziły. Gdy zadaję im pytanie, „dlaczego wybaczyłeś i wciąż szanujesz swoich rodziców?", odpowiedź brzmi, „ponieważ to moi rodzice i należy się im szacunek".

Oczywiście szanuję taki pogląd, który jest też głęboko zakorzenionym stereotypem. Jednak czy takie bezwarunkowe oddanie okazać się może korzystne dla nas i dla naszych bliskich?

Ja również, jak moi klienci, zostałem głęboko skrzywdzony przez jedną z najbliższych mi osób, którym był mój ojciec.

Przemoc fizyczna i emocjonalna, szantaż, brak poczucia bezpieczeństwa, traumatyczne przeżycia to była codzienność.

Jednak zawsze w akompaniamencie tych zdarzeń wbijaną miałem do głowy doktrynę „należy mi się szacunek, bo jestem twoim ojcem i cię zrobiłem". Przez pewien okres w moim życiu byłem głębokim wyznawcą takiej doktryny. Jednak gdy zacząłem nabywać wiedzę, która wykształciła we mnie swobodny sposób myślenia, wolny od stereotypów i wsparty dość wysokim poziomem mojej własnej samooceny, uznałem, że to niewłaściwe podejście.

Co więcej — niezwykle krzywdzące. W tym punkcie swojego życia uznałem, że nie zamierzam nigdy wybaczyć temu człowiekowi. Wielu ludzi, szczególnie psychologów, bardzo krytycznie oceni takie podejście, uznając to za nieprzepracowaną depresję.

Z pewnością mieliby rację, gdyby kierowały mną silne emocje. Jednak absolutne tak nie było, wydarzyło się coś zupełnie przeciwnego. Przepracowując swoje poniekąd unikalne przeżycia, doszedłem do bardzo ciekawych wniosków, które pozwoliły mi pogodzić się z sytuacją, jak również stać się lepszym człowiekiem, o czym powiem później.

Chora miłość, do której byłem zobligowany, ma to do siebie, że bazuje na silnych emocjach. Bardzo często możemy kogoś nienawidzić, wciąż czując silne uczucia względem tej osoby. Innymi słowy, miłość i nienawiść są nieodłączne, a jeśli ich fundamentem są głęboko zakorzeniane w nas stereotypy, to okazać się może, że dajemy zbyt wiele za niską cenę.

Wtedy naturalną koleją rzeczy jest to, że nikt tego nie ceni, co również zaobserwować można w przypadku bezstresowego wychowania. Taka sytuacja ma również miejsce, kiedy okazujemy duże zaangażowanie i szacunek komuś, kto zupełnie na to nie zasługuje. To właśnie sobie uzmysłowiłem.

Jednak nie był to jeszcze koniec pogodzenia się z sytuacją, która mnie spotkała. Następnym krokiem było ustosunkowanie się do osoby, która mi to wszystko zaserwowała. Czy ma być to bezwarunkowe przebaczenie, czy ma być to życie w złości, czy być może powinienem się nad sobą użalać, zrzucając winę za swoje niepowodzenia na innych ludzi?

Nie... Gdy podsumowałem pewne fakty, uznałem, że jedyną odpowiedzią jest obojętność oraz brak przebaczenia.

Dlaczego obojętność?

Jesteśmy obojętni wobec ludzi i sytuacji, które nie mają dla nas znaczenia. Oczywiście łatwo być obojętnym względem obcych ludzi, jednak gdy sytuacja dotyczy bliskich lub zwyrodniałych rodziców, sytuacja się nieco komplikuje. A komplikuje się z jednego prostego powodu: ponieważ kierujemy się stereotypami i zawirusowanym oprogramowaniem, które było nam dostarczane na przestrzeni lat.

Dla mnie obojętność to jedna z naturalnych konsekwencji, którą każdy człowiek musi ponieść za swoje czyny. Innymi słowy: podsumowałem wszystko, co mój opiekun uczynił względem mnie i wielu innych ludzi i uznałem, że taka osoba zasługuje na obojętność i brak przebaczania. Zwyczajnie i zupełnie się nią nie interesuję i nie obchodzi mnie, co się z nią stanie. Ta osoba nie wzbudza we mnie już żadnych emocji, ponieważ zwyczajnie na to nie zasługuje. Jeszcze w pewnym momencie mojej nieprzepracowanej depresji podświadomie czułem niezwykłą chęć pojednania oraz wybaczenia i takie próby podejmowałem. Jednak był to młyn na wodę dla osoby, która miała przyjemność żyć w poczuciu braku jakichkolwiek konsekwencji. Powtórzę — im więcej dajesz za niską cenę, tym mniej ludzie to cenią. Obojętność pozwoliła mi na zachowanie zdrowego rozsądku i podjęcie chłodnej decyzji, która zapewniła mi dalszy rozwój. Zrozumiałem, jak nie należy traktować innych, ponieważ konsekwencją może być to, że stanę się obojętny dla ludzi, których skrzywdziłem. A to chyba najgorsza konsekwencja, jakiej można doświadczyć.

Dlaczego absolutny brak przebaczenia?

Wydaje się, że brak przebaczenia zupełnie nie idzie w parze z poczuciem absolutnej obojętności, że są to totalnie antagonistyczne twory, całkowicie się wykluczające. Czy na pewno?

Podobno do wszystkiego można się przyzwyczaić — to jeden z następnych krzywdzących folklorystycznych stereotypów, które mają bardzo destruktywny wpływ na nasze życie. Możemy zadać pytanie, czy do agresji fizycznej, szantażu emocjonalnego i wykorzystywania seksualnego można się przyzwyczaić? Według starej ludowej prawdy — tak, według etyki oraz moralnych zasad — nie.

Ludzie, którzy doświadczają zła na co dzień, zaczynają podświadomie racjonalizować swoją sytuację, co w konsekwencji bezpośrednio kształtuje osobowość i światopogląd ofiary.

Jednak ofiara zaczyna być osobą dorosłą, zaczyna własne życie, którego fundamentem są wszystkie wzorce zaszczepione jej w okresie dzieciństwa, gdy była ofiarą nieumiejętnego lub bestialskiego traktowania przez swych opiekunów. I tu dzieje się coś ciekawego, ponieważ następuje niezwykła przemiana, gdy ofiara zaczyna być również katem.

Wielokrotnie spotykałem ludzi, którzy zastrzegali się, że nigdy nie będą tacy, jak ich rodzice. Gdy zapytałem ich, jaki mają stosunek do swoich rodziców, którzy dostarczyli im bardzo wielu traumatycznych i smutnych przeżyć, w 90% odpowiedź była taka sama. Czy domyślacie się, jaka?

Otóż osoby bardzo skrzywdzone przez swoich rodziców wręcz zastrzegały się, że bardzo kochają swoich opiekunów i niezwykle ich szanują. Gdy zapytałem, dlaczego tak bardzo kochają swoich rodziców oraz ich szanują, odpowiedź brzmiała również zawsze tak samo: „Ponieważ to moi rodzice i im się to zwyczajnie należy".

To oczywiście nic innego, jak wirus wgrany w głowy dzieci w procesie neurolingwistycznego programowania, również opisanego w tej książce. Innymi słowy: kłamstwo, które zostało wypowiedziane tysiąc razy, może stać się prawdą.

Taka sytuacja jest niezwykle niebezpieczna, ponieważ skrzywdzony człowiek wybaczył swoim oprawcom bez żadnego wyraźnego powodu. Wybaczył, ponieważ tak mu kazano. Wybaczył, ponieważ zaczął racjonalizować często bestialskie zachowanie, które również stało się częścią jego osobowości.

Gdy taka osoba założy własną rodzinę, również zaczyna ją krzywdzić, zaczyna również, racjonalizować swoje poczynania mówiąc: „Tak robili moi rodzice, rodzice, których kocham i szanuję, mimo tego, że byli tacy źli i tak, mnie skrzywdzili. Zatem ja teraz jako już inny rodzic również mogę cię krzywdzić, bo twoja miłość i szacunek bezwarunkowo mi się należą".

Co za bzdura. Bardzo często wmawia się nam, że musimy wybaczyć i że to załatwi sprawę. Dla kogo? Dla oprawcy, który nie poniesie konsekwencji i dla ofiary, która prawdopodobnie stanie się katem.

Takie podejście nie ma sensu i jedynie znajduje swe fundamenty w bardzo starym i głupim stereotypie społecznym, który głosi, że należy zawsze wybaczać. Ja uważam, że jest wręcz przeciwnie. Są sytuacje, w których nie można wybaczyć, nie można racjonalizować, jednak z pewnością należy nabrać dystansu i wyciągać właściwe wnioski. A dystans i wnioski to właśnie brak racjonalizacji i przebaczenia.

Innymi słowy: zdajemy sobie sprawę, że na szacunek i miłość trzeba sobie zasłużyć. Jak mogę kochać i szanować kogoś, kto mnie krzywdził, kto uważał, że miłość należy mu się tylko za to, że wydał mnie na świat? Gdy zaczynamy rozumieć, że pewnym osobnikom nie należy przebaczać, w tym samym momencie stajemy się innymi ludźmi, ponieważ zaczynamy rozumieć, jakie mogą być konsekwencje krzywdzenia naszych bliskich.

Zaczynamy rozumieć, że jeśli nie odetniemy się od paskudnych wzorców, zaszczepionych nam w dzieciństwie, to staniemy się tacy sami, jak nasi oprawcy.

Brak wybaczenia to również pogodzenie się z traumatyczną sytuacją, której już nie jesteśmy częścią. To również wzbudzenie w sobie poczucia obojętności względem osoby, która na to zasługuje. To także możliwość stania się innym człowiekiem, który wyznaje nowe i lepsze wartości w życiu.

Jeśli byłeś kiedyś krzywdzony, a teraz kochasz i szanujesz swoich oprawców, proszę, zastanów się, dlaczego i jaki ma to wpływ na sposób, w jaki traktujesz ludzi, a szczególnie tych bliskich.

Czasami można wybaczyć

Zdarzają się sytuacje, że ktoś, kto nas bardzo skrzywdził, prosi o przebaczenie. Wyobraźmy sobie sytuację, w której mężczyzna pobił kobietę lub ją zdradził i prosi o przebaczenie. W wielu przypadkach człowiek taki nie uzyska przebaczenia i słusznie. Jednak znajdą się osoby, które przebaczą, zwyczajnie dadzą się namówić. Pod naporem wielu godzin i setek tysięcy słów uznały, że warto dać kolejną szansę.

Czy na pewno warto? Oczywiście, że nie. Wydawać się może, że jeśli obłudny partner ponownie uderzy lub zdradzi, będzie to definitywny koniec. Niestety, nie jest to prawdą. Otóż dzieje się coś zgoła przeciwnego.

Gdy sytuacja się powtarza, bardzo często oprawca nie musi już nawet tak bardzo starać się o przebaczanie, czasami nawet obwinia swoją partnerkę o taki stan rzeczy.

Dlaczego? Otóż gdy raz wybaczymy czyn, który absolutnie nie zasługuje na wybaczenie, to w sposób podświadomy zaczynamy racjonalizować swoją decyzję, stajemy się częścią nieczystej gry, która staje się również częścią naszej nowej osobowości.

Następnym razem, gdy krzywdziciel powie Ci, że należy się mu miłość, wybaczenie i szacunek, to zwyczajnie zapytaj dlaczego. Wsłuchaj się w argumenty i przemyśl, czy mają rację bytu. Wielu z nas już wmówiono kłamstwa i fałszywe teorie, które nie mają żadnego pokrycia w rzeczywistości.

Powtórzę jeszcze raz: na szacunek i miłość trzeba sobie zapracować, a dzieci na świat się nie wpraszają, to rodzice poniekąd zmuszają je, by stały się częścią tego świata. Rodziców obliguje to do bezwarunkowej miłości i szanowania własnych dzieci.

Jeśli ktoś uważa przeciwnie i twierdzi, że za sam akt spłodzenia lub wydania na świat dzieci należy mu się miłość i szacunek, to jest ograniczony w sferze intelektualnej i emocjonalnej. Taka osoba również nigdy nie powinna być rodzicem.

Z pewnością należy wybaczać i być wyrozumiałym, jednak tylko w stosunku do ludzi, którzy na to zasługują. Każdy ma prawo popełnić błąd, jednak musi być to błąd godny wybaczenia, a osoba, która go popełniła, powinna prosić o zrozumienie.

ROZDZIAŁ 18

KOT W BUTACH

To już ostatni rozdział tej książki, który również nazwać możemy konkluzją, pewnym podsumowaniem tego, co znalazło się na poprzednich stronach publikacji. Dlaczego nadałem mu tytuł „Kot w butach"?

Otóż niedawno moja dziewczyna , Marcel i ja wybraliśmy się do kina na bajkę zatytułowaną „Kot w butach". Bardzo się cieszę, że wciąż pojawiają się tak wyśmienite filmy, których treść i głębokie przesłanie ma siłę kształtowania empatii, świadomości tego, jak ważne są relacje międzyludzkie, czy w końcu zawierają wizualizację dobrych i złych konsekwencji. Innymi słowy — niesamowita bajka, która powinna być obowiązkową pozycją na liście do obejrzenia dla każdego dziecka i rodzica.

Dlaczego właśnie ta bajka tak bardzo mnie zainspirowała, że postanowiłem zapożyczyć jej tytuł do rozdziału, wieńczącego naszą książkę?

Kot w butach to postać niezwykle barwna, której życie wypełniane jest potężną ilością niesamowitych przygód i zabaw. Wydawać się może na pierwszy rzut oka, że taki styl życia to coś, o czym większość z nas może tylko marzyć. Niesamowity kot w butach podbija świat i serca swych fanów, dokonując widowiskowych akcji, ryzykując przy tym życie swoje i innych. Kot w butach ma wielkie ego, które w połączeniu z bardzo niską samooceną powoduje olbrzymi głód imponowania innym. Chce przy tym maksymalnie skupić uwagę na swojej osobie, prawie za wszelką cenę. Nie bacząc na innych, w egoistycznym skupieniu zatraca się w wirze pustej i bezsensownej zabawy, której celem jest chwilowa chwała i popularność.

Jednak ta chwała i popularność są jak wiadro wody, wylane na środku gorącej pustyni, kiedy to już po chwili nie będzie po niej śladu. Tak właśnie traktują nas ludzie, gdy dajemy im wiele za niską cenę. Ofiarujemy bardzo dużo, jednak nie po to, by dać coś wyjątkowego innym ludziom, lecz robimy to tylko i wyłącznie dla własnej wygody i próżności, a inni ludzie są tylko przedmiotem, który ma nam w tym pomóc.

Tak samo rodzice w imię bezstresowego wychowania, własnej głupoty i chęci zyskania komfortu za wszelką cenę, wykorzystują swoje dzieci do zasilania własnego pustego ego, absolutnie nie bacząc na konsekwencje. Są niczym kot w butach myślący tylko o swoich potrzebach, który w bezwzględnym skupieniu dąży do autodestrukcji, wykorzystując przy tym swoich najbliższych, zapewniając im wszystko, co najgorsze.

Niczym bogata patologia, opisana już w tej książce, która czyści sobie zęby cukrem. To także zapewnianie naszym podopiecznym uczuć najprostszym sposobem poprzez serwowanie im „nowoczesnych narkotyków", mówiąc przy tym „Patrz, jak mama i tatuś cię kochają". Gratulacje!!!

Jednak kot w butach w pewnym momencie zaczął ponosić konsekwencje swojego pustego zachowania, gdyż odwiedziła go śmierć, pozbawiając go przedostatniego życia. Jak wiemy, w zależności od kultury, każdy kot ma siedem lub dziewięć żyć. Oczywiście jest to folklorystyczne przesłanie lub legenda, jeśli ktoś woli, od wieków stanowiąca, że kot ma wiele żyć. Jednak co kryje się za tym baśniowym przesłaniem?

Zrozumiałem dopiero po obejrzeniu „Kota w butach".

Prawie każdy z nas, jeśli nie znajduje się w bardzo trudnej i wyjątkowej sytuacji, dotyczącej zdrowia lub miejsca, w którym żyje, może mieć siedem lub dziewięć żyć. Bardzo mnie irytuje, gdy wielcy trenerzy, inspiratorzy lub influencerzy bzdurnie głoszą, że każdy może osiągnąć sukces, że każdy może być bogaty i szczęśliwy.

Niczym amerykańscy samozwańczy pastorowie, nawołujący swych wiernych, by ci kupili im odrzutowiec lub luksusowy jacht w imię zbawienia i wiecznego życia w niebie. Bzdura, nie każdy ma równe szanse. Niech ci durnie powiedzą to umierającemu z głodu dziecku w Afryce lub dziecku, które umiera, ponieważ jest bardzo chore, a koszty leczenia są poza jakimkolwiek zasięgiem jego opiekunów.

Jednak jeśli jesteś zdrowy i żyjesz w państwie, w którym panuje pokój oraz ekonomiczny dobrobyt, to faktycznie możesz osiągnąć bardzo dużo i masz więcej niż jedno życie.

Pomyśl o ludziach żyjących w miejscach, gdzie życie ludzkie nie ma żadnego znaczenia — oni nie mają szansy nawet na jedno życie. Teraz pomyśl o sobie, jeśli żyjesz w miejscu, gdzie życie ludzkie nadal ma wielkie znaczenie — niczym kot w butach masz więcej niż jedno życie, które bardzo często w sposób trywialny trwonisz.

Pomyśl o człowieku, który przeszedł operację ratującą mu życie. Operacja była wynikiem niezdrowego trybu życia, który spowodował otarcie się o śmierć. Operacja udała się, człowiek zyskał nowe życie, teraz jedynie musi stosować się do szczegółowych wytycznych w zakresie nowego funkcjonowania, odżywiania czy aktywności ruchowej. Czy wiesz, ile przeciętnie osób stosuje się do wytycznych, które mogą zapewnić im nowe życie? Według badań jedynie 5%. Pomyśl o ludziach, którzy wrócili do śmiertelnych uzależnień i tracą swoją ostatnią szansę na poprawę wielu sfer swojego życia. Takich obszarów naszego życia, jak przebaczenie, zdrada, kłamstwo, zaniedbywanie bliskich, krzywdzenie bliskich czy krzywdzenie siebie.

Bardzo często odrzucamy nowe szanse, które daje nam życie. Marnujemy szanse na odkupienie, podświadomie sądząc, że wciąż mamy czas.

Jednak tego czasu nagle zaczyna brakować, przetrwoniliśmy wiele żyć, a los zaczyna upominać się o swoje.

Jest to moment, gdy zdajemy sobie sprawę, że straciliśmy wszystko, co najważniejsze w życiu, zaprzepaściliśmy wszystkie nasze siedem czy dziewięć żyć, wciąż żyjąc i być może potwornie przy tym cierpiąc.

Pomyśl o ludziach, którzy stracili najbliższych za cenę egoizmu i dobrej zabawy. Z pewnością mieli wiele szans na odkupienie, jednak wydawało im się, że pseudo przyjaciele, narkotyki czy rozwiązły tryb życia miały w sobie tyle piękna i sensu. Władza, którą mieli, używana była też do niszczenia żyć innych ludzi, którzy bardzo często już na wczesnym etapie swego życia pozostawieni byli raptem z jedną szansą, z jednym życiem.

A teraz pomyśl o swoich dzieciach i popatrz na nie. Pomyśl, jak się zachowują, jak wyglądają i co jest dla nich ważne w życiu. Wszystko, co zobaczysz, to efekt Twojej pracy i zachowania. Mam szczerą nadzieję, że jesteś dumny z tego, co widzisz. Jednak jeśli widzisz coś zupełnie innego, jeśli widzisz młodych zagubionych, agresywnych, z niską samooceną ludzi, jeśli widzisz zacofane fizycznie i psychicznie dzieci, które nie zdają sobie sprawy z tego, czym są konsekwencje, jeśli jesteś dilerem, który od najmłodszych lat w beztroski sposób zaopatruje swoje dzieci w „nowoczesne narkotyki", w głębi myśląc tylko o swoim komforcie, to proszę, zadaj sobie pytania:

Ile żyć odebrałeś już swoim dzieciom?

Jak długo będziesz egoistycznym, skupionym tylko i wyłącznie na swoich potrzebach, wątłym i słabym kotem w butach, który bezmyślnie trwoni swoje życia oraz życia swoich bliskich?

REKOMENDACJE

Pisząc ten ostatni rozdział chciałbym przedstawić rekomendacje w zakresie zmian, które są niezbędne by ratować przyszłość, zdrowie a przede wszystkim życie naszych dzieci. Pisząc naszych, mam na myśli życie wszystkich dzieci.

Rekomendacje:

• Wychowanie fizyczne i promocja zdrowego trybu życia powinny być jednymi z najważniejszych obowiązkowych zadań realizowanych w szkołach.

• Należy wprowadzić w szkołach zajęcia z zakresu umiejętności komunikacyjnych, krytycznego myślenia, balansu emocjonalnego, medytacji, zdrowego odżywiania oraz rozpoznawania fałszywego marketingu.

• Przeciwdziałanie patostrimerom i wszechobecnej pornografii dostępnej w Internecie.

• Promowanie wiedzy o formach i zagrożeniach tkwiących w nowoczesnych uzależnieniach.

• Utworzenie centrów edukacyjno-szkoleniowych, gdzie dzieci i młodzież nieodpłatnie mogłyby uczyć się języków obcych, efektywnego użytkowania narzędzi informatycznych. Również w centrach edukacyjno-szkoleniowych powinien być dostęp do siłowni wraz z profesjonalnym trenerem.

• Kreowanie świadomości poprzez psychoedukację na temat uzależnień (nawyków), kształtowania silnej woli i efektywnego podnoszenia własnej samooceny.

• Dofinansowanie zajęć sportowych świadczonych przez sektor prywatny w zakresie upowszechniania sportu wśród najmłodszych.

• Szkolenia dla rodziców promujące wiedzę na temat współczesnych zagrożeń, potencjalnych konsekwencji wychowawczych jak również efektywnych sposobów wpływania i komunikowania się z młodymi ludźmi.

- Przywrócenie autorytetu nauczyciela.

- Psycholog lub trener mentalny w każdej szkole w Polsce.

- Zaprzestanie akceptacji pretensjonalnych i bezpodstawnych zachowań rodziców względem nauczycieli.

<u>Chora polityka</u>

Powyższe rekomendacje nie wymagają potężnych zmian oraz inwestycji w infrastrukturę i rozwiązania systemowe państwa. Potrzebna jest dobra wola i zaangażowanie społeczeństwa w zwalczaniu populizmu i chorych ideologii stygmatyzujących struktury społeczne w naszym kraju. Naszym celem powinno być perspektywiczne myślenie pozbawione ideologicznych koncepcji, których celem jest tylko zbijanie kapitału politycznego ludzi nieponoszących żadnej odpowiedzialności i praktycznie stojących ponad prawem. Polski system polityczny nastawiony jest na ogłupianie, manipulowanie, skłócanie, stygmatyzowanie oraz pośrednie „mordowanie" ludzi, szczególnie dzieci i młodzieży, co starałem się udowodnić w mojej książce.

Kapitalizm czy skryty marketingowy socjalizm

Nie zapominajmy również o wielkich firmach, które poprzez fałszywy marketing wdrażają śmiertelne nawyki widoczne w zachowaniach naszych dzieci. Promowanie siedzącego trybu życia, używanie sportowych ikon (marketingowi dyktatorzy) do propagowania narkotycznego i bezproduktywnego stylu życia, nie może mieć miejsca. Wolny rynek nie może służyć temu ,aby manipulować, okłamywać i wdrażać uzależniania w życie młodych ludzi . To, czego doświadczamy to wolna amerykanka, której celem jest wykorzystanie mas nieświadomych dzieci do generowania maksymalnych zysków generujących znacznie wyższe i nieodwracalne straty społeczne. Podobno są dwa byty, które nie mają granic i jest to kosmos i ludzka głupota. Jestem przekonany, że w kategorii bytów bez granic, ludzka chciwość przebije wszystko.

Dzieci mają dzieci

Jeśli chcesz kogoś winić to wiń siebie. W wielu przypadkach pretensjonalność i głupota rodziców nie zna granic, ponieważ rodzice nie ponoszą konsekwencji za czyny swoich dzieci. Gdy coś się stanie, jak na przykład zakatowanie innego nastolatka na ulicy, gwałt czy bardzo częste znieważanie nauczycieli lub rówieśników, to rodzice takiego ucznia powinni być pociągnięci do odpowiedzialności karnej. Lecz rodzice bardzo często obwiniają wszystkich dookoła tylko nie siebie. A przecież wszystko to, co dzieje się z twoim dzieckiem, jak ono wygląda, jak się czuje i zachowuje, jest tylko i wyłącznie wynikiem zaangażowania i pracy rodziców.

Przeciwdziałanie niepohamowanej głupocie

Bardzo często w polskich szkołach można spotkać uczniów sprawiających nadzwyczajne problemy wychowawcze. Taki uczeń destabilizuje pracę całej grupy i ma bardzo negatywny wpływ na zdrowie fizyczne i psychiczne pozostałych uczniów i nauczycieli. Na ten moment, nie ma żadnej możliwości wydalenia takiego ucznia ze szkoły. System edukacyjny powinien przewidywać podejmowanie autonomicznych decyzji siłą większości głosów o wydaleniu uczniów nie rokujących zmian w zachowaniu. Taki system pozwoli doświadczyć prawdziwych konsekwencji, z którymi w dalszej perspektywie będzie mierzył się nieodpowiedzialny rodzic, oczywiście przy odpowiednim wsparciu fachowców.

Źródła

Barrett, F (2017) How Emotions Are Made, Houghton Mifflin Harcourt New Yourk

Berne, E (1996) Games People Play, Ballantine Books

Carnagie, D (1936) How to Win Friends and Influence People

Cialdini, R (2021) The Psychology of Persuasion, Harper Collins Publishers Inc.

Gralak, T (2020) Are You Really Communicating

Kahneman, D (2011) Thinking, Fast and Slow, Farar, Straus and Giroux

Liebrerman, D (2007) You Can Read Anyone, Yorwerth Associates LLC

Ury, W (2007) Getting Past No, Bantam Trade Paperback

Voss, Ch (2016) Never Split The Difference, Penguin Randome House UK

O Autorze Thomas J. Gralak

To pasjonat nowoczesnej wiedzy w zakresie profilaktyki uzależnień, rozwoju emocjonalnego, krytycznego myślenia, komunikacji interpersonalnej oraz negocjacji.

Absolwent Wydziału Prawa i Biznesu (Coventry University). Dodatkowo ukończył liczne kursy i szkolenia, w tym kurs trenera personalnego Polskiej Akademii Sportu oraz szkolenia z dziedziny efektywnego zarządzania różnymi rodzajami osobowości w miejscu pracy, nowoczesnych i efektywnych form komunikacji oraz efektywnego przywództwa.

Wykładowca akademicki i doświadczony trener. Kreator programów szkoleniowych. Jest również autorem kilku książek i publikacji naukowych.

Aktywny trener i szkoleniowiec w obszarze umiejętności miękkich technik sprzedaży, technik negocjacyjnych, sportu, psychologii w biznesie, komunikacji oraz zarządzania stresem.

Jeśli zaangażowanie i poświęcenie wykazane przez autora książki w kreowaniu świadomości społecznej w tematach dotyczących najważniejszych sfer naszego życia jest dla Ciebie równie bliskie i ważne, to zapraszam do kontaktu i współpracy w obszarze wiedzy i szkoleń opisanych powyżej.

<u>Dane kontaktowe (contact info)</u>

Telefon: 518-526-227

Mail: thomas.gralak@gmail.com

Facebook: Tomasz Gralak trener komunikacji

YouTube: Tomasz Gralak trener Komunikacji

Inne książki autorstwa Thomas J. Gralak

9 788839 603685 8